『浄土和讃のおしえ』下巻の正誤表

31頁4行目	「親鸞聖人」のルビ「しんらんしょうにん」	↓	しんらんしょうにん
32頁3・8行目、41頁1行目	「善根」のルビ「ぜんこん」	↓	ぜんごん
56頁3行目、57頁13行目、137頁5行目	「現国」のルビ「げんこく」	↓	げんごく
56頁9行目	「智徳」のルビ「ちどく」	↓	ちとく
65頁3行目	序文	↓	序分
68頁7行目、101頁14行目	「無間」のルビ「むげん」	↓	むけん
68頁10行目	梵語アルファンの音写で「師」と訳し、自己成長の否定。	↓	梵語アルハンの音写で「尊い人」と訳し、師の否定。
69頁7行目	「断生命」のルビ「だつせいめい」	↓	だんせいめい
87頁9行目	スッドウダ	↓	スッドウダナ
104頁1・7行目、131頁12行目	「伝教」のルビ「でんきょう」	↓	でんぎょう
125頁15行目	「帝釈」のルビ「ていしゃく」	↓	たいしゃく
132頁6行目	シュラーマガマ	↓	シューランガマ
145頁3行目	シャハー	↓	サハー

浄土和讃のおしえ
［下巻］

大経意　観経意　弥陀経意　諸経意
現世利益和讃　大勢至和讃

澤田秀丸

法藏館

浄土和讃のおしえ　下

——大経意、観経意、弥陀経意、諸経意、現世利益和讃、大勢至和讃——

＊目次

大経意

観経意

弥陀経意

諸経意弥陀仏和讃

現世利益和讃

『首楞厳経』によりて大勢至菩薩和讃したてまつる

浄土和讃のおしえ　下

――大経意、観経意、弥陀経意、諸経意、現世利益和讃、大勢至和讃――

はじめに

『浄土和讃《じょうどわさん》』は、親鸞聖人《しんらんしょうにん》が七十六歳でこれを書き終えたと記された、阿弥陀仏《あみだぶつ》とそのさとりの智慧《ちえ》でかたちづけられた浄土のはたらきを日本語で讃嘆《さんだん》された信心《しんじん》のお歌であります。

本書「下巻」に収まっている「和讃」は、

「大経《だいきょうの》 意《こころ》」……二十二首

「大経」とは『仏説無量寿経《ぶっせつむりょうじゅきょう》』二巻のことで『大無量寿経』ともいわれ、阿弥陀仏が人びとにかけられた願いである本願《ほんがん》をおおもととして、「南無《なむ》阿弥陀仏」の名号《みょうごう》を本願の具体的なはたらきとすることを説き、仏がこの世に出られた本意を明らかにした浄土真宗《しんしゅう》の根本の経典であります。その意《こころ》を詠まれた和讃です。

「観経《かんぎょうの》 意《こころ》」……九首

「観経」とは『仏説観無量寿経《ぶっせつかんむりょうじゅきょう》』一巻のことで、インドの王舎城《おうしゃじょう》で起こった事件を通して、釈尊《しゃそん》が凡夫《ぼんぶ》の韋提希夫人《いだいけぶにん》に苦悩を除き極楽《ごくらく》浄土に生まれ往《ゆ》くことを説いた、浄土三部経の一部の経典です。親鸞聖人はこの経の言葉には隠れた真意があると解釈されました。その意《こころ》を詠まれた和讃です。

「弥《み》陀経 意《だきょうのこころ》」……五首

「弥陀経」とは『仏説阿弥陀経《ぶっせつあみだきょう》』一巻のことで、釈尊が弟子の舎利弗《しゃりほつ》に阿弥陀仏と極楽浄土の勝《すぐ》れたはたらきを説き、極楽への念仏往生《ねんぶつおうじょう》を諸々の仏が讃《たた》えていることが述べられている浄土三部経の一部の経典です。その意《こころ》を詠まれた和讃です。

「諸経 意《しょきょうのこころ》 弥陀仏和讃」……九首

「諸経和讃」または「弥陀和讃」ともいいます。諸経とは、釈尊を久遠の仏と説く『法華《ほけ》経《きょう》』、『弥陀経』の異訳である『称讃《しょうさん》浄土経』、釈尊が目連《もくれん》の問いに答えて説かれた『目連《もくれん》所問経《しょもんぎょう》』、釈尊がさとりの直後に説かれた『華厳経《けごんきょう》』、親鸞聖人が著書に多く引用された『涅槃経《ねはんぎょう》』などに説かれる言葉を通して、阿弥陀仏とその浄土を讃えられた和讃です。

「現世利益《げんぜりやく》和讃」……十五首

親鸞聖人の真筆本には「現世の利益和讃」と記されています。信心の人が現世に受ける利《り》益《やく》（喜び）を、主として乱を鎮めて国を護る経典として重んじられた『金光明経《こんこうみょうきょう》』をもとに詠まれています。

『首楞厳経《しゅりょうごんぎょう》』によりて大勢至菩薩《だいせいしぼさつ》和讃したてまつる……八首

「大勢至和讃」ともいいます。『首楞厳経』とは釈尊が祇園精舎《ぎおんしょうじゃ》で説かれた経典で、『首楞厳経』「巻第五」に阿弥陀仏の智慧《ちえ》を象徴する大勢至菩薩の信心について述べられていることをもとに詠まれた和讃であります。

以上の六十八首です。

ただ親鸞聖人は真筆本で、「現世利益和讃」の最後の一首のあとに「以上弥陀一百八首　釋親鸞作」と一旦区切られてから、大勢至菩薩和讃を記されています。

親鸞聖人は師・法然上人《ほうねんしょうにん》を「勢至菩薩の化身」または「智慧の法然」と尊ばれました。『浄土和讃』を書き終えられた「寶治二年一月二十一日」は、その法然上人の三十七回目の祥月命日の四日前に当たります。深く師を偲びながら特に「和讃したてまつる」と記されたのではないだろうかと思います。

さらに「本書」では、漢語の浄土三部経の主要な意《こころ》が和語で讃嘆され、大変親しみやすく、深く味わうことができました。また真宗門徒《もんと》として滅多に目にすることのない多くの経典に出遇うことができました上に、めずらしい神々の御同行《おんどうぎょう》・御同朋《おんどうぼう》にもお目にかかることができました。

さまざまな喜びに出会いながら味読《みどく》させていただきました。

浄土和讃

大経意　二十二首
観経意　九首
弥陀経意　五首
諸経意弥陀仏和讃　九首
現世利益和讃　十五首
『首楞厳経』によりて
　大勢至菩薩和讃したてまつる　八首

1

尊者阿難《そんじゃあなん》座《ざ》よりたち
世尊《せそん》の威光《いこう》を瞻仰《せんごう》し
生希有心《しょうけうしん》とおどろかし
未曾見《みぞうけん》とぞあやしみし

尊き仏弟子阿難《あなん》は座《ざ》より立ち上がり、
釈迦牟尼世尊《しゃかむにせそん》の威厳ある輝きを仰ぎ見て、
まれに有り難きお心だ、と驚いて、
いまだかつて見たことがない、と不思議に思いました。

この和讃《わさん》からの二十二首は「大経和讃《だいきょうわさん》」と呼ばれており、浄土真宗《じょうどしんしゅう》の根本の経典といわれる釈尊《しゃくそん》の説かれた『仏説無量寿経《ぶっせつむりょうじゅきょう》』（『大経』）をもとに詠まれています。

その冒頭に出る尊者《そんじゃ》・阿難《あなん》は、インド名でアーナンダといい、釈尊のいとこにあたり、二十五年間釈尊の従者として行動を共にした人です。釈尊の説法を最も多く聴聞《ちょうもん》しましたので、十大弟子の中でも「多聞第一《たもんだいいち》」と尊ばれました。

その阿難が、釈尊の光り輝く気高いすがたを仰ぎ見て思わず立ち上がったと、この和讃は伝えています。これは釈尊が求め続けていたものに到達した心の輝きに違いない、と確信した阿難は、「私は初めてこのような尊いおすがたを見ました。どうかその心の輝きを聞かせてください」、と釈尊に問いました。

この阿難の問いをきっかけにして、釈尊がこの世に出られた意義、すなわち出世本懐《しゅっせほんがい》を明らかにされた『大経』の説法へと広がっていきます。

問いは、隠れていて判らないことを尋ね引き出すことで、大きなこととの出会いになります。よく高齢者の年齢定義が話題になりますが、大切なことは何歳かの線引きではなく、その人に問いがあるかないかということではないでしょうか。何十歳になっても常に問いをもつ人は若さ、すなわち生きる力を求めている人といえます。

問えばおのずから耳が答えを待つ「聞」につながります。聞けばその声を心に受ける「信」へと深まります。

そうした意味で、問うことがわが思いの過《あやま》ちに気づかせ、わが思いの独りよがりから解放される柔軟な潤いのある人生を歩むことができるのではないでしょうか。

幼児が盛んに質問を連発して成長するように、問いは生きる力として人生の基本であることを尊者・阿難が示しています。

2

如来《にょらい》の光瑞希有《こうずいけう》にして
阿難《あなん》はなはだこころよく
如是之義《にょぜしぎ》ととえりしに
出世《しゅっせ》の本意あらわせり

如来《にょらい》の光り輝くめでたい相《すがた》はまれなことで、
阿難《あなん》は、きっとお心にかなうことがあるに違いない。
それはどういう意義なのか、と問うたのに対して、
釈尊《しゃくそん》は自身が世に出た本来の意義を明らかにされました。

浄土真宗《じょうどしんしゅう》のよりどころである『仏説無量寿経《ぶっせつむりょうじゅきょう》』（『大経《だいきょう》』）は、釈尊《しゃくそん》がこの世に出られた本意をあらわす「出世本懐《しゅっせほんがい》の経典」ともいわれています。

この和讃《わさん》は、釈尊が出世本懐を述べられる前のすがたとお心が詠われています。仏弟子阿難《あなん》が「如是之義《にょぜしぎ》」（このような輝くおすがたはどういう意義か）と問いながら、釈尊の輝くすがたを次のように讃えたと、『大経』に説かれています。「①光り輝くめずらしいすがたは身の喜び。②今までにない安らぎの法を得られた心の喜び。③その心で他の人びとを導く利他《りた》の喜び。

④勝《すぐ》れたさとりの智慧《ちえ》の自利《じり》の喜び。⑤この自利利他のはたらきが欠けることなく円《まど》やかな喜び」であろうか、と。

これを、五徳現瑞《ごとくげんずい》――五つの喜びのあらわれた輝くすがた――と呼んでいます。

喜びを仏教では心身がこころよい意味で「楽」の字であらわしています。

中国の曇鸞大師《どんらんだいし》は「楽の三種」について、「一つは外楽《げらく》。外のものを眼耳鼻舌身《げんにびぜつしん》の五識《ごしき》からおこる喜び。二つは外は厳しいが意識では喜ぶ内楽《ないらく》、三つは法楽《ほうがく》の楽、さとりの智慧から受ける喜び」（取意）と著書『浄土論註《じょうどろんちゅう》』に説いています。

この楽の極まりないのを極楽《ごくらく》といいます。「極」は「木＋亟（端から端まで）」で途中で足さない、途中で途切れない意味をもっています。そうすると外楽、内楽は途中で途切れる危うさがあります。それに対してさとりの智慧から受ける喜びは、例えば仏・法・僧の三宝《さんぼう》に帰依《きえ》を説きますが、「帰」は死して帰る世界、「依」は生きる依りどころのことで、死して帰る世界が三宝でありそのまま生きる依りどころとなり、生の依りどころとなる三宝がそのまま死して帰る世界と、この途切れない喜びを法楽の楽は教えています。

深い喜びを心身にあらわして釈尊は出世本懐を説かれました。

その出世本懐とはどういうことなのかは、「大経意《だいきょうのこころ》」和讃の四首目から詳しく詠われています。

3

大寂 定《だいじゃくじょう》にいりたまい
如来《にょらい》の光顔《こうげん》たえにして
阿難《あなん》の恵見《えけん》をみそなわし
問斯恵義《もんしえぎ》とほめたまう

釈尊《しゃくそん》が大いなる静寂のさとりの心境に入られて
阿弥陀如来《あみだにょらい》と等しい輝くお顔はまことに美しく、
阿難《あなん》の釈尊の心の輝きを見て取った智慧《ちえ》を、
「よくぞさとりの意義を問うた」と褒《ほ》められました。

釈尊《しゃくそん》すなわちお釈迦《しゃか》さまは、お誕生日もあればご命日もある、インドに生まれた実在の人です。その釈尊が、厳しい修行と深い思考を通して、今ここに仏弟子阿難《あなん》が見て驚くほどの光り輝くお顔をされました。これはまさに煩悩《ぼんのう》を焼き尽くした静かなさとりのアミタ（無量）の法と一つにならられ、阿弥陀如来《あみだにょらい》と同じ心境になられたからだと、この和讃《わさん》は伝えています。

まさに人間釈尊を「如来（さとり）の室に入り、如来の衣を着て、如来の座に坐す」（『法華経《ほけきょう》』）ブッダへと成仏させたのが、永遠に変わらない真理・アミタの法のはたらきであります。アミタの法なくして仏さまとしての釈尊はあり得ないのです。

浄土真宗《しんしゅう》の本尊《ほんぞん》・阿弥陀如来の、立たれた人間の姿《すがた》・形は釈尊をあらわしています。そして眉間の智慧《ちえ》を放つ白毫相《びゃくごうそう》や身金色相など三十二の相は、永遠に変わらない真理・アミタの法をあらわしています。なぜ人は苦しむのかを問い続けた人間・釈尊と、苦悩は正しい真理のわからない無明心《むみょうしん》から起こると説く真理・アミタの法が一致して、私たちにさとりの教えを説く本尊・阿弥陀如来として立たれています。その名の「南無《なむ》阿弥陀仏」とは、永遠に変わらない真理・アミタの法と人間の言葉が一致した名号《みょうごう》であります。

浄土真宗はなぜお釈迦さまをおまつりしないのかとよく質問を受けますが、釈迦弥陀一致のご本尊を仰ぎながら年間の法要行事が行われることで釈尊を讃《たた》え、釈迦弥陀一致の念仏を称《とな》えることで釈尊を讃えていますので、特に釈尊だけを個別におまつりしないのが浄土真宗です。

阿弥陀あっての釈尊、釈尊あっての阿弥陀であることを教え示しているのが、この和讃であります。そして釈迦弥陀一致の仏さまを私たちの前に引き出してくれたのが仏弟子・阿難の質問でありました。ですから釈尊は、「よくぞ阿弥陀の法と一つになった私の心の喜びを感じ取ることができた」と、阿難を褒められたとこの和讃は伝えています。

そしてこれは、私たちが阿難法兄《ほうけい》に申し上げる喜びでもあります。

4

如来興世《にょらいこうせ》の本意には
本願真実ひらきてぞ
難値難見《なんちなんけん》とときたまい
猶霊瑞華《ゆれいずいけ》としめしける

釈迦如来《しゃかにょらい》が、仏と成って世に出られた本来の意義は、他力真実の本願《ほんがん》を説き開くためであります。しかし煩悩《ぼんのう》の身には値《あ》うこと見ること難しと説かれ、その中で信心《しんじん》喜ぶ人は、霊瑞華《れいずいけ》のごとく尊いと示されました。

この和讃《わさん》は、如来《にょらい》の出世本懐《しゅっせほんがい》、すなわち釈尊《しゃくそん》がこの世に如来として生まれ出られた本当の懐《こころ》を明らかにされたことが詠われています。

その出世本懐は、ただ一つ阿弥陀仏《あみだぶつ》が人びとにかけられた本願《ほんがん》こそ真実であることを人類の前に開示することであった、とこの和讃で述べられています。

浄土真宗《じょうどしんしゅう》は、浄土の真実を人生の宗《むね》とする宗教です。宗祖親鸞聖人《しゅうそしんらんしょうにん》は著書に「真実」という言葉を多く用いられています。

その真実を、釈尊は「真実は実に不滅の言葉である。これは永遠の理法である」(中村元訳『ブッダのことば』岩波文庫)と説かれているのを受けて、「真実とは時代を超えて変わらない価値、しかもすべての人にとって変わらない価値」、すなわち時空を超えたものといえます。

マスコミなどで「真実を求めて」とよくいわれますが、実は求めているのは起こった事件などの事実です。事実は解明し記録し克服しなければなりません。しかし、その事実が永遠に変わらないしかもだれにとっても変わらない真実とならないところに社会の悩みがあります。

人間の幸せや喜びにしても、私たちが握っているものは、金銭といい健康といい人間関係といい、すべてその価値が変わっていきます。摑《つか》んでいるものが変化するのですから、オロオロと落ち着かない人生になります。

その中で親鸞聖人は、時代を超えて、だれにとっても変わらない「真実は阿弥陀如来の御《おん》こころなり」(『一念多念文意《いちねんたねんもんい》』)と述べられています。その阿弥陀如来の御こころが本願であります。

ひと時の喜びや目の前の問題に追われている者には、永遠なる時代を超えて、だれにとっても変わらない喜びは、なかなか理解の難しいことでありましょう。しかしその中で信じることのできた人は、芽が出て一千年、つぼみで一千年、花開いて一千年といわれる霊瑞華《れいずいけ》(優曇華《うどんげ》)のように尊いと、聴聞《ちょうもん》を重ねる信心《しんじん》の人を讃《たた》えられた和讃であります。

5

弥陀《みだ》成仏《じょうぶつ》のこのかたは
いまに十劫《じっこう》とときたれど
塵点久遠劫《じんでんくおんごう》よりも
ひさしき仏《ぶつ》とみえたまう

阿弥陀仏《あみだぶつ》がさとりの仏と成られてから、
十劫《じっこう》という長い時間を経ているると説かれているが、
実は塵《ちり》の数ほどの久遠の昔よりもまだ、
久しい時に仏と成られたのであります。

この和讃《わさん》より、『仏説無量寿経《ぶっせつむりょうじゅきょう》』の意《こころ》によって阿弥陀仏《あみだぶつ》が人びとにかけられた本願《ほんがん》について詠まれていますが、まず阿弥陀仏の成仏《じょうぶつ》について述べられています。

この和讃では、阿弥陀仏の成仏は久遠劫《ごう》よりもまだ古いと説いています。これはどう理解していいのか戸惑う言葉ですが、成仏ということは人類始まって以来の課題であることを示しているといえます。

一般には成仏は死ぬことと考えていますが、仏教とは仏と成った人に教えられて、私が仏に成る教えですので、成仏は仏教の最も基礎となる重い言葉です。

仏の「ム」は鼻の形で「私」という時に鼻を指すところから「私」の原字といわれ、「私を真に理解すること」を示す字です。中国で三世紀から六世紀の仏典翻訳時代といわれた六朝時代に、インド古代の梵語《ぼんご》のブッダの意味を取って作字されたと伝えられています。中国の善導大師《ぜんどうだいし》は、仏を「覚」(さとる)と訳されました。

私を真に理解することは、私の心の奥深くまで知り尽くすことです。仏教では人間の迷いを生み出す根源は自分を強く意識し自分にこだわる「我」にあったと気づくことで、それを「心+吾(自分)」すなわち「悟り」といわれました。

成仏とはさとった無我の人と成ることで、無我であるさとりの浄土《じょうど》に生まれて完成する境地であります。

私の中で私を動かしている心に気づけと呼びかける仏を、「弥陀成仏」と説かれました。成仏された阿弥陀仏は、人びとに自らを知れと呼びかけられていますが、そのはたらきは、十劫よりもなお長い塵《ちり》の数ほど遥か彼方よりのはたらきであることをこの和讃で説かれています。

これは、自分を知ることは私の人生の最も基本問題であり、人類永遠の重い課題であることを示されています。

6

南無《なむ》不可思議光仏
饒王仏《にょうおうぶつ》のみもとにて
十方浄土《じっぽうじょうど》のなかよりぞ
本願選択摂取《せんじゃくせっしゅ》する

南無不可思議光仏《なむふかしぎこうぶつ》（阿弥陀仏《あみだぶつ》の別名）は、
師匠の饒王仏《にょうおうぶつ》のみもとで、
十方《じっぽう》にある清らかな国・浄土《じょうど》の中から、
本願《ほんがん》を選び出しておさめとられました。

この和讃《わさん》は、阿弥陀仏《あみだぶつ》が人びとにかけられた本願《ほんがん》をお建てになった心境が詠まれています。和讃の句頭に述べられた「南無不可思議光仏《なむふかしぎこうぶつ》」は阿弥陀仏のみ名であります。

この「南無不可思議光仏」という言葉は、中国の念仏者・曇鸞大師《どんらんだいし》が「阿弥陀如来の教えは、私の心で思いはかることも言語でいいあらわすこともできません。ただただ教えを素直に聞きいただき南無（帰依《きえ》）するばかりです」と合掌《がっしょう》された言葉です。

この、人間の心で思いはかることも言語でいいあらわすこともできない阿弥陀仏が、さとりの仏と成る前の修行を積まれている時、人びとの苦しみを除き楽を与えたいと念願され、その方法を求めて師・饒王仏《にょうおうぶつ》（世自在王仏《せじざいおうぶつ》ともいう）の御元《みもと》を訪ねられました。そして、師仏から示されたさとりの喜びの中から、特別な修行を必要とするさとり、特別な才能を必要とするさとりなど一部の人のものを捨てられて、煩悩《ぼんのう》から離れることのできない者にとどく勝《すぐ》れた喜びを選びとられました。さとりを得た者から人びとにかける本願こそ、すべての人に通ずる喜びであったと選びおさめとられたのです。

と、親鸞聖人《しんらんしょうにん》はこの和讃で釈尊《しゃくそん》が本願をお建てになった様子を述べられました。

この本願をお建てになった阿弥陀仏のご見識とご苦労は到底私たちの量《はか》り知ることのできないことであると、本願を背負うて立たれた阿弥陀仏を曇鸞さまは「南無したてまつる不可思議光仏」と帰依合掌されたのです。

ここに述べられている「不可思議」は、一般に使われている「不思議」とは意味が異なります。一般には人間の考えの及ばない予想外のこと、非常識なことなどをあらわしますが、仏教の「不可思議」は、仏さまの勝れたはたらきである智慧《ちえ》、功徳《くどく》、利益《りやく》などが限りなく深く、人の思慮や言語の及ばないことをあらわしています。

また、さとりの道理を、私の煩悩が邪魔をして理解する力がない難思議の不思議であります。

7

無碍《むげ》光仏《こうぶつ》のひかりには
清浄《しょうじょう》歓喜《かんぎ》智慧《ちえ》光
その徳不可思議にして
十方《じっぽう》諸有《しょう》を利益《りやく》せり

障碍《しょうげ》の無いさとりの智慧《ちえ》の光の中でも、清浄《しょうじょう》、歓喜《かんぎ》、智慧の光は、人びとの貪《とん》・瞋《しん》・痴《ち》を照らし、そのはたらきを人が思議することは不可能で、十方《じっぽう》のあらゆる人びとを利益《りやく》されます。


この和讃《わさん》は、阿弥陀仏《あみだぶつ》が人びとにかけられた四十八願《しじゅうはちがん》の本願《ほんがん》の内の、第十二願・光明無量――量《はか》ることのできないさとりの智慧《ちえ》――の願にもとづいて詠まれています。

和讃の句頭に述べられた「無碍光仏《むげこうぶつ》」も、阿弥陀仏のみ名であります。

無碍とは、さわりのないさとりの智慧のことで、人びとの煩悩悪業《ぼんのうあくごう》などが一切障害にならない、深広でかつ一切の人びとに平等の阿弥陀仏の智慧のはたらきをあらわしています。

そして無碍の光には、人びとのさまざまな煩悩を押し分けて根本にある人間の喜びを害する三《さん》毒《どく》の煩悩を照らし出す三つのはたらきがあることが、「大経意《だいきょうのこころ》」によって述べられています。

一つは、さとりの智慧の清浄光《しょうじょうこう》のはたらきです。この光は、人びとの心の悩みや身の煩いを生む百八の煩悩の根本にある、常に自分を中心に考える貪欲心《とんよくしん》を照らし教えています。集合写真を見た時一番に自分に目をやる心を照らし、一番可愛いのは自分だったと貪欲心に気づかせ治める仏さまの智慧です。お寺やお内仏のお荘厳《しょうごん》では、これを清らかな仏華《ぶっか》で示されています。

二つは、さとりの智慧の歓喜光《かんぎこう》のはたらきです。人びとを惑わす煩悩の根本にある、憎み怒る瞋恚《しんに》の心を照らし出しています。自分に都合の悪い雨を睨《にら》み付けるあの心を照らして、わがままだったと瞋恚の心を気づかせ滅する仏さまの智慧です。お荘厳では、和らぎのお香のかおりであらわしています。

三つは、さとりの智慧光のはたらきです。根本煩悩で正しい道理をわきまえない人びとの無明《むみょう》心《しん》を照らし示しています。死を嫌だいやだと閉ざされた切ない思いを、煩悩を離れたさとりの浄《じょう》土《ど》に往《ゆ》き生まれ人間成就すると教え開かれる仏さまの智慧です。お荘厳では、明るく温かな蠟燭《ろうそく》の明かりで教えています。

人びとの思いや考えを深く貫いて動く心を照らし出し、すべての人びとに教えによって受ける喜びを与える、無碍の仏さまの智慧が讃《たた》えられています。

8

至心信楽《しんぎょう》 欲生《よくしょう》と
十方《じっぽう》諸有《しょう》をすすめてぞ
不思議の誓願《せいがん》あらわして
真実報土の因とする

阿弥陀仏《あみだぶつ》は至心《ししん》・信楽《しんぎょう》・欲生《よくしょう》と、
この三信心を十方《じっぽう》のあらゆる人びとに勧められて、
人の思議を超えた深い誓願《せいがん》をあらわして、
人びとが永遠なる真実浄土《じょうど》に生まれる因とされました。

この和讃《わさん》は、阿弥陀仏《あみだぶつ》が人びとにかけられた四十八の本願《ほんがん》の内の最も中心となる、第十八願の心が詠まれています。

じっとしておれないと人びとにかけられた本願を背負うて立たれたのが、浄土真宗《じょうどしんしゅう》の本尊《ほんぞん》・阿弥陀仏（如来《にょらい》）であります。その願いを仏像の上であらわしたのが、頭の後ろの円光《えんこう》です。円光で「本願」を示し、そこから放たれている四十八本の線光でその本願が「四十八願《しじゅうはちがん》」あることを示しています。

その四十八の本願の中で、最も中心となり最も肝要な願が、第十八願・至心信楽《ししんしんぎょう》の願であります。法然上人《ほうねんしょうにん》は、「王《おう》本願」と述べられました。

この和讃は、その意《こころ》が述べられています。

一句目の「至心・信楽・欲生《よくしょう》」を『大経《だいきょう》』の三心《さんしん》（三信《さんしん》）といい、阿弥陀仏の教えの中心であります。

至心とは、阿弥陀仏の真実心のことです。真実心とは、永遠にその価値が変わらず偽りのない心のことです。私たちの、目の前の好き嫌いに追われる煩悩《ぼんのう》からは生まれてこない心です。この真実心で、南無阿弥陀仏の名号《みょうごう》（念仏《ねんぶつ》）を明らかにして、私たちにとどけられました。

信楽とは、阿弥陀仏の真実心で説かれる仏教を疑いなく信じて教えに遇うことを楽しみにする心が生まれることです。仏教を聞いていただく信心《しんじん》によって、私の上に開かれる喜びです。私たちのあれもこれもの迷いの心からは生まれてこない、一心のことです。

欲生とは、阿弥陀仏が煩悩を超えた清らかな浄土に生まれよと呼びかけられる慈悲心です。この呼びかけの教えを聞いて、浄土に身を向け浄土に生まれたいと欲《ねが》う心が生まれてきます。

信心は宗教の中心であり根本ですので、阿弥陀仏はさとりのこの三心をすべての人びとに勧めたいと十八願に示して、本願の要《かなめ》の願とされました。

さとりの言葉を聞く信心が因となって浄土で仏と成り人間成就することが詠われています。

9

真実信心うるひとは
すなわち定聚《じょうじゅ》のかずにいる
不退のくらいにいりぬれば
かならず滅度《めつど》にいたらしむ

永遠なるさとりの言葉を聞く真実信心《しんじん》を得た人は、
即に往生浄土《おうじょうじょうど》が定まり、喜びに満ちた仲間と共に、
ふたたび迷わない不退転《ふたいてん》の位《くらい》に入るので、
必ず苦を滅し安らぎの浄土に至るのです。

この和讃《わさん》は、阿弥陀仏《あみだぶつ》が人びとにかけられた四十八の本願《ほんがん》の内の、第十一願・必至滅度《ひっしめつど》の願の心が詠まれています。

親鸞聖人《しんらんしょうにん》はこの第十一願を第十八願に次ぐ重要な願として、この和讃を詠まれました。

この願の中で、阿弥陀仏は二つの利益《りやく》を誓われています。一つは、「定聚《じょうじゅ》の数にいり不退の位」を現生《げんしょう》で受ける利益（喜び）です。定聚とは、往生《おうじょう》が定まり必ず仏と成ることができる人のことです。二つには、「必ず滅度に至る」ことでまさに未来に受ける利益（喜び）です。滅度とは、苦

を滅し煩悩《ぼんのう》の流れを渡らせて必ず完全なさとりの境地に至る喜びです。

親鸞聖人は、この二つの利益（喜び）の内の「まさに未来に受ける利益」を重んじられて「必死滅度の願」と呼ばれましたが、二つの利益は相離れるものではなく、さとりの言葉からいただく信心の喜びであることを、この和讃で詠われました。

ここに述べられている「滅度」とは、苦を滅し煩悩の流れを渡ることです。この苦は生老病死の四苦《しく》のことです。苦はインド古代の梵語《ぼんご》でドゥフカといい、「思う通りにならない」という意味です。生老病死は、基本的には思う通りにならないものです。それを自分の思う通りにしようというわがままな思いが私を苦しめていると教えられます。

また、煩悩の流れを四流《しる》といい、時には激しくなるので四暴流《しぼる》ともいわれます。飽くことを知らない欲、物にこだわる有、対立する思想の見、ありのままに見られない無明の四流です。この川は危険だと気づいた人が助かるように、まず自分の中の、時には暴流になる四つの流れに気づくことの大切さを教えています。

この和讃は、このような安らぎと喜びの涅槃浄土《ねはんじょうど》に迎えたいと、信心《しんじん》の結果について述べられています。

浄土真宗の教えの肝要な点が詠われた和讃であります。

10

弥陀《みだ》の大悲ふかければ
仏智《ぶっち》の不思議をあらわして
変成男子《へんじょうなんし》の願をたて
女人成仏《にょにんじょうぶつ》ちかいたり

阿弥陀仏《あみだぶつ》の大悲心《だいひしん》が深いことは、
さとりの智慧《ちえ》の人の思議を超えた深さをあらわしている。
仏は本願《ほんがん》の第三十五願で変成男子《へんじょうなんし》の願を建てて、
女人がさとりの仏と成ることを誓われました。

この和讃《わさん》のよりどころである、阿弥陀仏《あみだぶつ》が人びとにかけられた四十八の本願《ほんがん》の内の女人成仏《にょにんじょうぶつ》を誓われた第三十五願は、次のように説かれています。

「もし私が仏と成った時、あまねく十方《じっぽう》の思議を超えた数の諸仏世界の女人が、わが南無《なむ》阿弥陀仏の名を聞き、信心歓喜《しんじんかんぎ》して仏道を歩む心を起こして女身をいとうであろうが、その者が命終《みょうじゅう》の後に再び女の像（すがた）となるならば、私は正しいさとりを得たものとはいえない」（取意）と誓われています。

阿弥陀仏は、第十八願の至心信楽《ししんしんぎょう》の願を、さらに第十一願の必至滅度《ひっしめつど》の願を建てられて、すべての人をつつむ大悲の深いはたらき、さらにさとりの智慧《ちえ》の人の思議を超えたはたらきをすでに説きながら、なぜ重ねるように第三十五願の女人成仏の願を建てられたのでしょうか。そして親鸞聖人《しんらんしょうにん》も、なぜ特に和讃される必要があったのでしょうか。

それには二つの意味があると思います。

一つには、釈尊《しゃくそん》は「生まれによって非聖者となるのではない／生まれによって聖者となるのではない／行為によって非聖者ともなり／行為によって聖者ともなる」の教説をもとに、古代インドに根付いていた女性は神仏には成れないという差別的女性観を、仏教徒として強く否定する必要性があったのだと思います。

二つには、日本でも女性の権利や立場が軽視されてきましたし、仏教界では女人結界・女人禁制が現に存在しています。神道でも、血穢《けつえ》として女性疎外が現存し、今なおさまざまな問題を引き起こしています。これら人類のかかえる女性を差別する意識に、警鐘を鳴らし続けねばならないからではないでしょうか。

しかし変成男子《へんじょうなんし》の言葉は『仏説無量寿経《ぶっせつむりょうじゅきょう》』には使われておらず、どう理解していいのか戸惑いますが、男女の区別すらないさとりの仏と成る「女人成仏ちかいたり」に安らぎを感じます。

11

至心発願《ほつがん》欲生《よくしょう》と
十方《じっぽう》衆生を方便《ほうべん》し
衆善《しゅぜん》の仮門《けもん》ひらきてぞ
現其《げんご》人前《にんぜん》と願じける

自力《じりき》の真心《まごころ》の至心《ししん》、願いを起こす発願《ほつがん》、仏と成る欲生《よくしょう》を、
十方《じっぽう》の人びとを真実のさとりに導く手だてとして、
自力で多くの善根《ぜんこん》を積むことを仮《かり》の門として開いて、
その人の命終《みょうじゅう》には前に現れて浄土《じょうど》へ導きたいと願われています。

この和讃《わさん》は、阿弥陀仏《あみだぶつ》が人びとにかけられた四十八の本願《ほんがん》の、第十九願・修諸功徳《しゅしょくどく》の願（臨終《りんじゅう》現前《げんぜん》の願ともいう）の心が詠まれています。

この願は、「もし私が仏と成った時、生きとし生ける人の中には、仏道を求める心を起こして色々な善根《ぜんこん》功徳を積み、自力真心《じりきまごころ》で願いを立てて積んだ善根功徳を仏に振り向けて、浄土《じょうど》に生まれたいと思う人もいるだろう。そういう人の臨終には、仏は多くの聖者とともにその人の前に身をあらわして、その人をわが国・浄土に迎えとろうと思う。それができないならば、正しいさと

りの智慧《ちえ》の仏とはいえない」と誓われています。

この和讃は、この願に説かれる諸々の自力の行いで往生《おうじょう》浄土を果たそうと思っていることについて述べられています。

確かに門徒《もんと》の中にも、真心を込めて仏や先祖を尊ぶことで自分もよいところへ生まれさせてもらえると、満足している人がいます。

こうした信心《しんじん》のあり方を、遠いむかしに阿弥陀仏は見通されていたのです。

なぜ阿弥陀仏は、真心で善根供養《くよう》を積むことを問題にされたのでしょうか。

それは、自力《じりき》は小路であるからです。自力は狭い小さな路であり、自分では先祖に喜ばれる善根だと思っていることが果たして本当にそうなのかと、問うています。

例えば、浄土には八つの功徳（勝《すぐ》れたはたらき）の水が充満する池があると、三部経《さんぶきょう》すべてに説かれています。それなのに先祖に水や茶を供える善根は、その先祖を水の飲めない地獄《じごく》・餓鬼《がき》の世界にいる人にしてしまいます。

自力真心のもつ危うさです。

しかし、阿弥陀仏がこの願を「臨終現前の願」といわれるように、自力善根を手だてとして、必ず円満な教えの門に迎え入れたいと願われた本願を明らかにされた和讃であります。

12

臨終《りんじゅ》現前の願により
釈迦《しゃか》は諸善をことごとく
観経《かんぎょう》一部にあらわして
定散《じょうさん》諸機をすすめけり

阿弥陀仏《あみだぶつ》の本願《ほんがん》の第十九願・臨終現前《りんじゅうげんぜん》の願によって、釈迦《しゃか》は自力《じりき》の諸々の善行《ぜんぎょう》すべてを、『仏説観無量寿経《ぶっせつかんむりょうじゅきょう》』にあらわして、ゆるぎない他力《たりき》の信心《しんじん》を、心定めた善行、散る心の善行の人に勧められました。

この和讃《わさん》も、阿弥陀仏《あみだぶつ》が人びとにかけられた四十八の本願《ほんがん》の、第十九願・修諸功徳《しゅしょくどく》の願（臨終《りんじゅう》現前《げんぜん》の願ともいう）の心が詠まれています。

この和讃に述べられる諸善《しょぜん》とは、自力《じりき》で修める諸々の善根《ぜんごん》のことですが、その道を歩む人の二つのタイプを「定《じょう》・散諸機《さんしょき》」と示されました。

一つ目の定とは定善《じょうぜん》の機《き》（人）のことで、『仏説観無量寿経《ぶっせつかんむりょうじゅきょう》』（『観経《かんぎょう》』）に説かれる定善十三観《かん》を修めて心を静かに定め、浄土《じょうど》に生まれて人間を完成させたいと願う人のことです。

二つ目の散は散善《さんぜん》の機といって、これも『観経』に説かれる散善三観を修めて、心は清らかにならないが悪をやめ善を多く修めて浄土に生まれ、人間を完成させたいと考える人のことです。しかし、例えば定善十三観の第一の日想観《にっそうかん》をとってみても、心を専《もっぱ》らにして思いを一処に凝らして西方に沈む日を観よ、そして浄土のありどころ、自己の迷いの深さ、さとりの智慧《ちえ》の尊さを観想《かんそう》せよ、と説かれています。

また同経に説く散善三観の第一は、慈しみの心でもって殺生罪を犯さない。さとりの真理を説く大乗《だいじょう》経典を読み誦《そら》んじよ。修めた善根を安楽国《あんらくこく》に振り向け浄土往生《おうじょう》を願えと勧めています。

しかしこれらは、一体どれほどの時間がかかるのでしょうか。万一途中で一息終われば、永遠に迷うことになります。さらに最後に正しい教えに到達できるのかという疑問が起こります。そこへ自分の考えが混ざるので、常に疑問や不安をかかえながらの修行です。この疑問や不安はおそらく生涯続くであろうと、阿弥陀仏は自力《じりき》諸善の機（人）の臨終にあたって自ら人びとの目の前にあらわれて満足のさとりの浄土へ導きたいと、臨終現前の願を建てられたのです。

そうした意味でこの臨終現前の願は自力のもつ危うさを教えられています。

現代は知識の豊かな時代です。だからこそ自力万能・自己満足に陥ることなく、危うさに気づくことの大切さを呼びかけられている和讃と味読《みどく》いたしました。

13

諸善万行《まんぎょう》ことごとく
至心発願《ほつがん》せるゆえに
往生浄土《じょうど》の方便《ほうべん》の
善とならぬはなかりけり

自力《じりき》をたよりに積む多くの善行《ぜんぎょう》はことごとく、
自力の真心《まごころ》の至心《ししん》でもって仏と成る発願《ほつがん》を起こすことは、
阿弥陀仏《あみだぶつ》は浄土《じょうど》に往《ゆ》き生まれる方便手だてとして、
善行とならないことはない、と説かれています。

この和讃《わさん》も、阿弥陀仏《あみだぶつ》の人びとにかけられた四十八の本願《ほんがん》の、第十九願・修諸功徳《しゅしょくどく》の願（臨終《りんじゅう》現前《げんぜん》の願ともいう）の心が詠まれています。

特にこの和讃は、第十九願の自力《じりき》で多くの功徳を修める者が受ける利益《りやく》（喜び）について述べられています。

その利益（喜び）とは、自力で多くの善を積み多くの修行をすることはすでに阿弥陀仏が第十九願で説かれていることなので、阿弥陀仏は決して見捨てることなく自力の行いがむしろ方便

（手だて）の善としてやがてはさとりの浄土《じょうど》で人間完成すると、導いてくださる喜びであります。

この転換の本《もと》となる方便（手だて）は、浄土真宗《しんしゅう》では重い意味をもった言葉の一つであります。世間では「嘘も方便」といいますが、嘘は口からでる虚（うつろ）と書く通り、相手のことは考えないで自分の都合だけのその場逃れのいつわりをいいます。

方便には、近づくという意味があります。親鸞聖人《しんらんしょうにん》は「方便というのは、目に見えない真理を形にあらわしたり、具体的な南無《なむ》阿弥陀仏のみ名に示して人びとに知らせたいという仏さまのお心である」（『一念多念文意《いちねんたねんもんい》』取意）と示されています。真実真理はどこにでもはたらいています。しかし私たちは、一本の蠟燭《ろうそく》の灯火を通して、阿弥陀仏が「世の灯明となって優れた喜びを生み出す福田《ふくでん》（さとりの智慧《ちえ》）である」（『仏説無量寿経《ぶっせつむりょうじゅきょう》』取意）と説かれる教説に出遇うことができます。

私たちの前に具体的な形や言葉であらわされたからといって「方便は劣るということは決してありません」（『蓮如上人御一代記聞書《れんにょしょうにんごいちだいききがき》』取意）と述べられています。

確かに、形は方便でありそれにとらわれるのは自力です。そうした意味では礼拝合掌《らいはいがっしょう》も勤行《ごんぎょう》もお荘厳《しょうごん》も法話もすべて自力であり方便です。しかし、この和讃では、方便が阿弥陀仏の私に近づいたはたらきならば、これらはすべて教えに引き入れる阿弥陀仏の手だて（方便）であったと、深い喜びに転換されていきます。私たちには方便尊しです。

14

至心回向欲生《えこうよくしょう》と
十方《じっぽう》衆生を方便《ほうべん》し
名号《みょうごう》の真門《しんもん》ひらきてぞ
不果遂者《ふかすいしゃ》と願じける

自力真心《じりきまごころ》の至心《ししん》、仏に手向ける回向《えこう》、仏と成りたい欲生《よくしょう》。
これらのあらゆる人びとの自力を手だて・方便として、
南無阿弥陀仏《なむあみだぶつ》の真実への門を開いて、
真実信心《しんじん》の人に果たし遂げさせたいと願われています。

この和讃《わさん》は、阿弥陀仏《あみだぶつ》が人びとにかけられた四十八の本願《ほんがん》の、第二十願・植諸徳本《じきしょとくほん》の願（不果《ふか》遂者《すいしゃ》の願ともいう）の心が詠われています。

植諸徳本とは、阿弥陀仏の徳の本（はたらきのもと）である念仏《ねんぶつ》を、人間の思い込みで称《とな》え往生《おうじょう》浄土《じょうど》を果たそうという考えをいいます。これを、自力《じりき》念仏往生と教えられました。

親鸞聖人《しんらんしょうにん》はその自力を、この和讃に「至心《ししん》・回向《えこう》・欲生《よくしょう》」と示されました。

ある人がいわれました。「仏さまやご先祖さまを敬うことは大切なことです。私は毎朝お仏壇でお念仏を称《とな》えて供養しています。こうすることでまた私もよいところへ行かせてもらえると喜んでおります」。こうした考えの人が多いのではないでしょうか。

この考えには、この和讃で示されている三つの自力のことが含まれています。一つは、仏・先祖を敬う心は大切であると考える人間の真心《まごころ》です。この和讃で至心といわれています。二つは、お念仏を称えて仏・先祖に供養することで私の真心を仏・先祖に振り向ける心です。この和讃では回向といわれています。三つは、私もいいところへ行かせてもらえると考えて私の力で浄土に生まれたいと願う心です。この和讃で欲生といわれます。

この三つはあくまで自分の力・わが考えに立っていますので、この三つで念仏する人を、「自力念仏の人」と呼ばれています。自力であっても称えている念仏はあくまでさとりの智慧《ちえ》の念仏ですので、尊いことです。しかしその念仏をわが思い込みで称えることで違った意味になってしまっては、念仏の本来のはたらきを見失ってしまいます。

そこで阿弥陀仏は、この自力念仏の人を、念仏は「今、私の心にとどく仏」として私へのはたらきであったと、私たちを正しい念仏の心に引き入れる手だて（方便）として、この第二十願を建てられたのです。そして私にとどく念仏こそ、私たちが阿弥陀仏に出遇うただ一つの道であったとして、正しい念仏信心《しんじん》の人に遂に果たし遂げさせたいと願われた第二十願でもあります。

15

果遂《かすい》の願によりてこそ
釈迦《しゃか》は善本徳本《ぜんぽんとくほん》を
弥陀経《みだきょう》にあらわして
一乗の機をすすめける

本願《ほんがん》の第二十願・遂には成仏《じょうぶつ》を果たし遂げんの願により、釈迦《しゃか》は、仏のはたらきの根本を南無阿弥陀仏《なむあみだぶつ》の名号《みょうごう》と、『仏説阿弥陀経《ぶっせつあみだきょう》』にあらわされて、念仏《ねんぶつ》こそ凡夫《ぼんぶ》を浄土《じょうど》へ導く唯一の乗り物と勧められました。

この和讃《わさん》も、阿弥陀仏《あみだぶつ》が人びとにかけられた四十八の本願《ほんがん》の、第二十願・植諸徳本《じきしょとくほん》の願（不果《ふか》遂者《すいしゃ》の願ともいう）の心が詠まれています。

この和讃では、第二十願を「不果遂者の願」と名付けられたことが述べられています。阿弥陀仏の徳（はたらき）の本《もと》である念仏をわが思いで称えている自力念仏《じりきねんぶつ》の人を、正しい念仏のはたらきを喜ぶ人に果たし遂げさせたいと誓われたことで「不果遂者の願」と名付けられました。

またこの和讃では、『仏説阿弥陀経《ぶっせつあみだきょう》』（『弥陀経』）にこの二十願の心をお説きになっていることも示されました。『弥陀経』では自力念仏は称えている者のはからいが入るので少ない善根《ぜんこん》・少ない福徳《ふくとく》になるが、阿弥陀仏が私の上にとどいてくださった他力《たりき》念仏には多い善根・多い福徳の喜びがあると説いていています。

そしてこの和讃では、他力念仏の人を「一乗《いちじょう》の機《き》」と示されました。乗は乗せ運ぶ意味です。修行を積む力もなく自らさとる知恵もないすべての人びとをさとりの浄《じょう》土《ど》に向かわせるたった一つの乗り物として、阿弥陀仏が説かれた念仏の教えを、一乗と親鸞聖人《しんらんしょうにん》はいわれました。その一乗に乗る人を機といいますが、機は機織りの道具のことです。非常に巧みに動きますが所詮動かす力がないと動かないように、優れた能力をもつ人間も煩悩《ぼんのう》を離れてさとりの浄土に往《ゆ》き生まれることは仏さまの教えに遇わないと完成しないので、機といわれました。

この念仏に親しみ、信心《しんじん》豊かで妙好人《みょうこうにん》と呼ばれた島根県温泉津町（現大田市）の浅原才市《あさはらさいち》さんは、

「才市よい／へ、／今、念仏称えたわ、だれか／へ、才市であります／そうではあるまい／へ、親様の直説《じきせつ》であります／機《き》法一体《ほういったい》であります」

と詠っています。「親様の直説」とは、阿弥陀仏が才市に直接にとどけてくださった念仏という意味で、直説の念仏の法をわが身の機に受けた喜びを「機法一体」といいます。

自力念仏の人を、「親様直説」の多善根・多福徳の念仏の喜びにと願われた和讃であります。

16

定散自力《じょうさんじりき》の称名《しょうみょう》は
果遂《かすい》のちかいに帰《き》してこそ
おしえざれども自然《じねん》に
真如《しんにょ》の門に転入《てんにゅう》する

心定めての人や散る心の人など自力《じりき》で念仏《ねんぶつ》を称《とな》える人は、
浄土《じょうど》へ迎え遂げたいとの阿弥陀仏《あみだぶつ》の誓いを信じてこそ、
教えられなくても自ずから、
変わりない真実の教えの門に移り入ります。

この和讃《わさん》は、阿弥陀仏《あみだぶつ》が人びとにかけられた四十八の本願《ほんがん》の第二十願・不果遂者《ふかすいしゃ》の願（植諸徳《じきしょとく》本《ほん》の願ともいう）によって、自力念仏《じりきねんぶつ》の人が受ける利益《りやく》（喜び）について説かれています。

自力念仏の人とは、念仏をわが思いだけで解釈し、わが力で称えている人のことをいいます。

その自力念仏の人には、二つのタイプがあります。

一つは、ひたすらに定めた心で念仏して仏や亡き人に手向けて、その功績で自らも浄土《じょうど》に生まれようと考えている人です。この心を定《じょう》の専心《せんしん》といいます。専心は念仏のことです。

二つは、念仏を称えながらも、色々なお経を読んだりあれもこれもと信心をする、散りゆく心の人です。この心を散《さん》の専心といいます。

この定・散自力の称名の人に、念仏は阿弥陀仏の名でありその名にさとりのすべてを込めて私へのはたらきであったと他力《たりき》念仏に心をひるがえして、正しい念仏の教えへと移り入ることを果たし遂げさせたいというのが、阿弥陀仏の第二十願の心です。これが、自力念仏の人の小さい思い込みから大きな世界へと心が広がり、それによって受ける利益（喜び）であると示されました。

しかし、自力は努力ですので、私たちの人生生活の基盤となる大切な思いです。仏教で説く他力は、この自力を否定したり排除したりするのではありません。自力で得た喜びを、より深いものに完成させるのが、他力であると教えています。自力と他力は、二本の道があるのではなく、自力の底に他力が流れているのです。その深さに気づくことの大切さを、この和讃は示しています。

女子マラソンで優勝した選手の一人が、「自分を褒《ほ》めてやりたい」と語っていました。もう一人は、「背中を押してくださった皆さんのおかげです」と話していました。自分の喜びが周りに広がり多くの人の力を得るように、自力が他力へと広がった時、その喜びがより深くより広くなるのではないだろうかと、二人の言葉を聞いて思いました。

自力は、他力につつまれて完成するのです。

17

安楽浄土《あんらくじょうど》をねがいつつ
他力《たりき》の信をえぬひとは
仏智《ぶっち》不思議をうたがいて
辺地懈慢《へんじけまん》にとまるなり

安らかな喜びのさとりの浄土《じょうど》に生まれたいと願いながらも、阿弥陀仏《あみだぶつ》の教えを信じない人は、さとりの智慧《ちえ》を疑っているので、浄土から離れた地、狭い喜びの心に留まってしまいます。

この和讃《わさん》は、仏教を疑う心を戒められ、阿弥陀仏《あみだぶつ》からいただく信心《しんじん》の喜びを説かれています。なぜ疑いが生まれるのかといえば、わが思い込みの自力《じりき》に閉じこもって正しい教えを聞かないからであると、この和讃は説いています。

念仏を称《とな》える時の「称」は、たたえる、かなう、つりあうという意味をもっています。お経の名前をとなえる時の「唱」とは意味が異なります。念仏を称えるのは、阿弥陀仏を讃《たた》えることであります。また阿弥陀仏の心にかない、念仏の教えにつりあう信心を促す言葉であります。

ところが、念仏は称えていても、わが力で称えるという自力念仏の人、そしてわが考えで浄土《じょうど》真宗《しんしゅう》以外のお経を読んだり、あれもこれもと信心に走る自力雑修《ざっしゅ》の人は、結局は阿弥陀仏の教えを疑っていることになります。その人は「辺地《へんじ》・懈慢《けまん》にとまる（留まる）なり」で、確かな喜びを見失うと述べられています。

辺地とは、さとりの浄土から遠く隔たった信心のあり方をいいます。正しい念仏の教えを疑った自力念仏の人は、わが思い込みの頑丈な城に入り込むので、疑城《ぎじょう》ともいいます。また自力の念仏とも気づかずにわが称える念仏に陶酔している考えを、居心地はよいが何も見えない母の胎内の宮殿にたとえて、胎宮《たいぐう》ともいいます。

また懈慢とは、正しい教えを聞くことを怠り、さとりの智慧《ちえ》をあなどる心をいいます。わが力で念仏を称え、しかもさまざまな信心に迷う、自力雑行《ぞうぎょう》雑修の人の心根《こころね》をいいます。

私が教誨師《きょうかいし》として担当する刑務所の三十五歳の青年受刑者が、浄土真宗の教えを聞きたいと希望し、月一回、仏間《ぶつま》で『正信偈《しょうしんげ》』のお勤《つと》めをして真剣に明るい打ち解けた雰囲気で法話を聞いています。身体は拘束を受けていても、心には浄土真宗の教えが広がっています。反対に体は自由であっても心が自力の考えでがんじがらめの人もいます。

辺地・懈慢の心を戒め、正しい信心《しんじん》を勧められた和讃であります。

18

如来《にょらい》の興世《こうせ》にあいがたく
諸仏の経道《きょうどう》ききがたし
菩薩《ぼさつ》の勝法《しょうぼう》きくことも
無量劫《こう》にもまれらなり

釈迦牟尼如来《しゃかむににょらい》の世に出られた本意に遇《あ》うことは難しく、
諸仏の説く経道《きょうどう》（変わらない法則）を聞くことも難しく、
仏道を歩んだ菩薩《ぼさつ》たちの勝《すぐ》れた教法《きょうぼう》を聞くことも、
果てしない時間をかけてもできないことです。

ここから三首は、『仏説無量寿経《ぶっせつむりょうじゅきょう》』に説かれる、信じることが難しい五難《ごなん》について述べられています。この和讃《わさん》ではその内の、①如来《にょらい》の興世《こうせ》に遇うことの難、②諸仏の経道《きょうどう》を聞くことの難、③菩薩《ぼさつ》の勝法《しょうぼう》を聞くことの難、の三つが詠まれています。

難は、容易でない、難しいという意味ですが、「その通り。仏教はどうも難しい。判りにくい」と相づちを打つ人が多いと思います。

しかし、大学の受験問題などは大変難しいです。その難しい難の原因は問題にあると考えていますが、実はそうではなく、解く力のない私の能力が問題を難にしているのです。難を生む原因は私にあることを、まず教えているのがこの和讃です。

①如来の興世とは、釈尊《しゃくそん》をはじめ諸仏が世に出現されたことですが、その意義はただ一つ阿弥《あみ》陀仏《だぶつ》が人びとにかけられた願いである本願《ほんがん》を説き知らせるためです。ところが私たちは仏さまをまつりあげるだけでその教えを聞くことができないと、私の難を示されています。

②諸仏の経道の「経はたて糸で、能《よ》く人生の織りなす模様の横糸を繋ぎ保って美しい反物（人生）をつくり出す」（善導《ぜんどう》『観無量寿経疏《かんむりょうじゅきょうしょ》』取意）はずの経を、仏さまや亡き人に聞かせるものだと思い込んで、正しい経の意義を聞けない私の難を示しています。

③菩薩の勝法とは、菩薩の勝《すぐ》れた行いのことで、菩薩は古代インドの梵語《ぼんご》ボーディ・サットヴァの音写《おんしゃ》で、仏道を歩む人のことを指します。自らさとりを求めて仏道を歩み、他の人びとを信《しん》心《じん》の道に誘う菩薩の勝れた行いのことで、念仏者の姿勢を示しています。その勝法を聞くことが難しいということは、菩薩のイメージを作ってしまっていることによる私の難です。

また、お寺参りはまだはやい、もう少し死ぬのが近づいてからと、死ぬための仏教と思い込んでいる自意識が、生きる上の正しい道理を説く仏法を聞くことを難にしています。

その中から「仏法聞き難し、今すでに聞く」喜びに気づかせていただく和讃でした。

19

善知識《ぜんじしき》にあうことも
おしうることもまたかたし
よくきくこともかたければ
信ずることもなおかたし

善知識《ぜんじしき》（仏道へ導く人）と仰ぐことは難しく、
善知識が導く仏法に遇《あ》うこともまた難しく、
よく教えを聞くこともできず、
聞かない人が信ずることはなおいっそう難しい。

この和讃《わさん》は、『仏説無量寿経《ぶっせつむりょうじゅきょう》』に説かれる五難《ごなん》の内の第四、「善知識《ぜんじしき》に遇い法を聞き行ずることこれまた難し」の善知識に遇うことの難について述べられています。

善知識とは、私に正しい教えを伝えてさとりの浄土《じょうど》へ導く人のことで、善友《ぜんゆう》、勝友《しょうゆう》ともいわれています。反対に誤った道に誘う人を悪知識、悪友といいます。

善知識に三種類があります。一つは、外護《げご》の善知識です。私を取り巻く親族などで先立った人が私を護り導くことをいいます。二つは同朋《どうぼう》の善知識です。師を同じくし念仏《ねんぶつ》の志を共にする同朋の導き合いのことです。三つは教授の善知識です。目前の師匠・教師のことです（中国の智顗《ちぎ》『四教義《しきょうぎ》』）。

この中でも特に難なのが、外護の善知識です。親族になると日ごろの愛情の強さ深さで、その人の死が認められずにいつまでも生きている時の延長線上に見てしまうからです。ここから生まれるのは悲しみと嘆きだけです。亡き人に私を仏法に導く善知識として出遇うことも、亡き人が善知識として教えていることを聞くことも、すべてが難しくなります。

小学生の子どもを亡くしたある母親は、感心するほどに、亡き子に供養の限りを尽くされました。そして「親としてできることはしました」と、力を尽くした心境を述懐されました。しかし、この自分の満足感だけでいいのでしょうか。日が経っても悲しみの中でしかわが子に出会えないままで、いいのでしょうか。満中陰《まんちゅういん》を縁に住職より「日が経つほどに大きくなっていく新たな道を歩みませんか。亡き子の法名《ほうみょう》があなたに向かって何を語ろうとしているのか。亡き子が仏と成ったというが、仏とは何なのか。こうしたことを亡き子を導師として聞いてみませんか」との誘いを受けて、お寺の法座《ほうざ》で聴聞《ちょうもん》を重ねられました。

これは六十年前の出来事です。母親は腰も曲がりすっかり老婆になりましたが、今でもメモを取りながら喜びの中で聴聞されています。「先立つわが子は善知識」の法悦《ほうえつ》であります。

20

一代諸教の信よりも
弘願《ぐがん》の信楽《しんぎょう》なおかたし
難中之難《なんちゅうしなん》とときたまい
無過此難《むかしなん》とのべたまう

釈尊《しゃくそん》の一代かけての諸々の教えを信ずるよりも、
弘く人びとをつつむ本願《ほんがん》を信じ喜ぶことはなお難しい。
煩悩《ぼんのう》が障《さわ》りとなるので、難しい中の難しいことと説かれ、
これに過ぎた難しいことはない、と述べられました。

この和讃《わさん》は、『仏説無量寿経《ぶっせつむりょうじゅきょう》』（『大経《だいきょう》』）に説かれる五難《ごなん》の五つ目の難中の難、この難に過ぎたるは無しといわれる「弘願信楽《ぐがんしんぎょう》の難」について述べられています。

『大経』は、釈尊《しゃくそん》が語られた説法ではありますが、古来より弥陀《みだ》の直説《じきせつ》といわれているように、阿弥陀仏《あみだぶつ》が世に出られた本意である人びとにかけられた本願《ほんがん》を説かれた経典であります。その経典を締めくくるにあたって、念を押すように説かれたのが五つの難についてであります。

教えは信心《しんじん》によって成立します。その信心を困難にするのが、人間の知識です。

今までの四難は、いかなる宗教でもいえる難です。

しかしこの和讃に述べられる五つ目の「弘願信楽の難」ですが、阿弥陀仏の弘い願いを信じよろこぶ「弘願信楽」は、四十五年間の釈尊一代の教えを読むよりも難といわれています。「弘願信楽」はそれほど浄土真宗《じょうどしんしゅう》の最も中心となる阿弥陀仏の深い心をあらわしますので、煩悩《ぼんのう》の人間には難中の難、これに過ぎたる難無しの難といわれました。

難の反対語は易ですが、本来浄土へは念仏《ねんぶつ》を称《とな》えれば往けるのですから、誠に往き易いのです。しかし、つい私たちには「なぜ念仏で」とか「じゃあ何回称えたらいいのか」といったさまざまなはからいが生まれますので、阿弥陀仏の教えを信じることは難中の難であるといわれ、浄土へ往く人は稀《まれ》であると『大経』に説かれています。そうすると、難は阿弥陀仏のさとりの教えを素直に聞いて受け止められない私の心にあるのです。

ところが、近年は葬儀や法事といった仏事すらも人間の考えだけで解釈したり、仏教では重い意味をもつ死も単に悲しいことと断定してしまったり、死後は天国と行き先を決めたりと、人間の思想を基準に仏教を見るようになってきました。この人間の思想・知識を基準にすると、ますます難が深まるばかりです。

阿弥陀仏の弘願を信ずるのは、ただ教えを聞く信心より他ありません。

21

念仏成《じょうぶつ》 仏これ真宗
万行《まんぎょう》 諸善これ仮門《けもん》
権実真仮《ごんじつしんけ》をわかずして
自然《じねん》の浄土《じょうど》をえぞしらぬ

智慧《ちえ》の念仏《ねんぶつ》によって仏と成るのが真実の宗教です。
自力《じりき》で多くの善行《ぜんぎょう》を積んで仏に成るのは仮《かり》の門である。
本願《ほんがん》念仏の道は真実、自力万行《まんぎょう》は仮とわきまえないでは、
さとりの浄土往生《じょうどおうじょう》はとてもかなわないことであります。

この和讃《わさん》は、釈尊《しゃくそん》の説かれた浄土真宗《じょうどしんしゅう》の根本の経典『仏説無量寿経《ぶっせつむりょうじゅきょう》』（『大経』）の大綱が述べられています。その大綱を、親鸞聖人《しんらんしょうにん》はこの和讃で、「念仏成仏これ真宗」と示されました。

浄土真宗は、念仏《ねんぶつ》によって極楽往生《ごくらくおうじょう》を遂げ即に阿弥陀《あみだ》と同じ仏と成ると説いています。

その重い意味をもつ成仏《じょうぶつ》は、現在では単に死ぬことをあらわしていますが、仏教とは仏に教えられて私が仏に成る教えですので、仏教の基本となる重要な言葉であります。

古代インドの梵語《ぼんご》のブッダは、中国の文字で「佛・仏」で表現されました。「弗」は打ち消し

で、「佛」は単なる人ではありませんと示し、「仏」の「ム」は鼻で「私」を意味し、私を真に理解した人、すなわち「悟」をあらわしています。「成仏」とは、「私の中で私を本当に動かしている心」にめざめた人のことです。

このことを成し遂げた人を阿弥陀仏といいます。その阿弥陀仏が「今、私の心に仏とどく」念仏となって、私の生活する心のあり方を教え示されています。そして私をおさめとって浄土に帰らせてくださる阿弥陀仏の永遠なる真実のさとりを宗とする仏教を、浄土真宗といわれました。

すなわち念仏を因に成仏の果を得るのが浄土真宗で、それ以外には何の条件もありません。人生生活の上にとどいてくださっている念仏の教えを、一途に喜ばせていただくばかりです。

そうすると先祖を供養する善行《ぜんぎょう》のつもりで称えていた念仏も、その善行をもとにして仏に成ろうと考えていた自力《じりき》念仏も、すべて浄土真宗の念仏の喜びに引き入れる仮《かり》の門として阿弥陀仏がとどけてくださっていた念仏であったと、この和讃で示されています。

浄土真宗の念仏の教えは永遠に変わらない真であり、誰にとっても価値ある実であります。自力の善行は真実に次ぐ権であり、やがて真実に入る仮であることに気づかないでうやむやな心で、どうして阿弥陀仏のさとりの浄土に生まれさせていただくことができるでしょうか。これはしっかりと申し上げておきます、と「大経意《だいきょうのこころ》」和讃の締めくくりの一首とされました。

22

聖道権仮《しょうどうごんけ》の方便《ほうべん》に
衆生ひさしくとどまりて
諸有《しょう》に流転の身とぞなる
悲願の一乗帰命《きみょう》せよ

自力修行《じりきしゅぎょう》を方便・手だてとするさとりに至るひじりの道を、人びとは長い間これが正しいと留まって、迷いを重ねる流転の身ではあったが、それを大悲《だいひ》しここに乗れと願われた念仏《ねんぶつ》の教えを信じよう。

この和讃《わさん》は、浄土真宗根本《じょうどしんしゅう》の経典『仏説無量寿経《ぶっせつむりょうじゅきょう》』すなわち『大経《だいきょう》』の意を詠まれた和讃の締めくくりに、重ねて「一乗帰命《いちじょうきみょう》」を勧められたお歌であります。

一乗とは、すべての人びとを人間として完成するさとりの浄土へ乗せて運ぶ教えのことです。また一乗を、一部の人ではなく、すべての生きとし生ける人を等しく乗せ運ぶ意味で、大乗《だいじょう》ともいいます。さらに一乗は、阿弥陀仏《あみだぶつ》から人びとにとどけられた教えですので仏乗《ぶつじょう》ともいいます。

仏さまは、人びとの心根《こころね》に応じて乗り物を用意されました。仏教を忠実に守り教え通りに修行を積む声聞《しょうもん》の人、触れるものを通して一人でさとる縁覚《えんがく》の人、他の人とともに自ら仏道を歩む菩《ぼ》薩《さつ》という三つの乗り物ですが、これらの三乗は一乗に導く手だて（方便）であると説かれています。

こんな話が『法華経《ほけきょう》』という経典に説かれています。

ある長者の家が火事になりました。家の中で三人の子がおもちゃで遊んでいました。長者は出てくるようにと叫びましたが、子らはおもちゃに夢中です。長者の、ここに羊の車、鹿の車、牛の車があるよと誘う声で子らは飛び出してきました。三車のないのを責めた子らに長者は大白牛《だいびゃくご》車《しゃ》を用意し、四人で乗り込んで燃える火から逃れました。

この大白牛車を法然上人《ほうねんしょうにん》は「南無阿弥陀仏の一乗」と示されました。親鸞聖人《しんらんしょうにん》は、阿弥陀仏が人びとにかけられた本願《ほんがん》の広さ深さを海にたとえて、「本願一乗海」ともいわれました。一乗の教えを聞くことでいただく信心《しんじん》を勧められた和讃であります。

已上大経意――と最後に記されて、釈尊の説かれた『仏説無量寿経』上下二巻の教えを二十二首にまとめて詠まれた和讃集であります。

宗祖《しゅうそ》親鸞聖人は、『仏説無量寿経』は阿弥陀仏が人びとにかけられた本願を経の根本の精神として、その本願を必ず一切の人びとにとどけたいと念仏《ねんぶつ》を経のはたらきとして説かれた経典と受け止められて、本願・念仏の浄土真宗を顕らかにされました。

1

恩徳《おんどく》広大釈迦《しゃか》如来《にょらい》
韋提夫人《いだいぶにん》に勅《ちょく》してぞ
光台現国《げんこく》のそのなかに
安楽《あんらく》世界をえらばしむ

恩徳《おんどく》（めぐみのはたらき）広大なる釈迦《しゃか》如来《にょらい》が、王舎城《おうしゃじょう》の妃・韋提希夫人《いだいけぶにん》に告げられた。智慧《ちえ》の光明《こうみょう》の台の上に照らし現した国々のその中から、韋提希夫人は阿弥陀仏《あみだぶつ》の安楽浄土《あんらくじょうど》を選びました。

この和讃《わさん》からの九首は、浄土三部経《じょうどさんぶきょう》の一つの『仏説観無量寿経《ぶっせつかんむりょうじゅきょう》』（『観経《かんぎょう》』）の教えをもとに詠まれています。

親鸞聖人《しんらんしょうにん》が句頭に「恩徳《おんどく》広大釈迦《しゃか》如来《にょらい》」と仰がれた恩徳広大は、『観経』全体をつつむ仏さまのお心であります。その仏さまのお心には、三つの徳（はたらき）が備わると説かれています。

一つは、智徳《ちどく》です。仏さまは、さとりの正しい道理に立って物事を考え判断する智慧《ちえ》を、自らに備えていることです。

二つには、断徳《だんどく》です。仏さまは、すべての煩悩《ぼんのう》や迷いを滅して断つはたらきを、自らに備えていることです。

三つには、恩徳です。仏さまは、一切の人びとを救いたいと智と断を内なる力としてすべての人びとに恩（めぐみ）をとどけるはたらきを備えていることです。

ここではこの三つのはたらきを含めて「恩徳広大」と述べられました。

仏教には、本願力《ほんがんりき》とか仏法力《ぶっぽうりき》といわれるように、「力」ですから必ず人びとにとどいて迷いを破り苦しみを除き、安らぎと喜びをめぐみ与えるはたらきがあります。その仏さまの三徳（三つのはたらき）が人の上に目に見える形であらわれたことを説いているのが、『観経』であります。

ここに説かれる韋提希夫人《いだいけぶにん》は、知恵を絞って考えたことがまた次の新たな問題を生み出し、愚痴《ぐち》に明け暮れする一人の女性であります。いわば私たちを代表した人です。自分が自分でどうにもならないほどに深い悩みをかかえた夫人は、「どうか憂い悩みのない処を教え示してください。私はそこに生まれ往きたい」と請い願いました。釈尊《しゃくそん》は、まずさとりの智慧でいくつかの苦悩の静まる世界を見せる、「光台現国《こうだいげんこく》」をなさいました。その中から夫人は、阿弥陀仏《あみだぶつ》の安らぎ楽しむ極楽浄土《ごくらくじょうど》を選びました。釈尊は、夫人の選んだ極楽浄土に生まれ往く道を説かれました。

これが『観経』を説かれるきっかけでありますので、親鸞聖人は第一首に挙げられました。

2

頻婆娑羅王《びんばしゃら》勅《ちょく》せしめ
宿因《しゅういん》その期《ご》をまたずして
仙人殺害《せんにんせつがい》のむくいには
七重《しちじゅう》のむろにとじられき

頻婆娑羅王《びんばしゃらおう》は、家臣に命じて
三年後の予言の時期が待てずに
仙人を殺害させた、その報いで
完全な七重の牢室に閉じ込められました。

この和讃《わさん》は、王舎城《おうしゃじょう》の悲劇の発端が述べられています。

その発端となる出来事を、この和讃では「宿因《しゅういん》」と記されました。宿（昔）の原因は『仏説観《ぶっせつかん》無量寿経《むりょうじゅきょう》』（『観経《かんぎょう》』）には記されていませんが、中国で『観無量寿仏経疏《しょ》』（『観経』の注釈書）を著された善導大師《ぜんどうだいし》は、その背景の出来事を『涅槃経《ねはんぎょう》』などによって次のように明らかにされています。

マガダ国の王舎城の頻婆娑羅王《びんばしゃらおう》と妃・韋提希《いだいけ》は、子が授からず仙人に相談しました。仙人は三年待てば、私の死と引き換えに子が授かるであろうと予言しました。しかし三年という「その期《ご》を待たずして」王は仙人を殺害させました。妃は懐妊しましたが、王は殺害した仙人が気になり後任の仙人に相談しました。仙人は、生まれた子は殺害された仙人の仇を討つだろうと答えました。驚いた王夫婦は、自分たちへの仇討ちをおそれて、出産した子を高楼から突き落としました。しかし子は指を折っただけで助かり、阿闍世太子《あじゃせたいし》と呼ばれ育てられました。

太子が成人した時、釈尊《しゃくそん》のいとこで悪友といわれた提婆達多《だいばだった》は、自分が釈尊から教団を奪い、太子に王位を奪わせて二人で天下を取ることを企てました。提婆達多は太子に指の傷のいきさつを知らせ、それを行雨《ぎょうう》（雨行）大臣が証言したので、阿闍世太子は怒りをもって父王を七重の室（完全な牢室）に閉じ込めました。そのように記されています。

親鸞聖人《しんらんしょうにん》はこの説に従って、「仙人殺害のむくいには／七重のむろにとじられき」と述べられましたが、この事件を『観経』説法の第一の縁として重く受け止められたのがこの和讃でありす。そして『観経』では、この父王の幽閉された場面から話が始まっていきます。

この和讃を通して教えられることは、我《が》がむき出しになる恐ろしさです。我がむき出しになった時は、知性も教養も地位も吹き飛んでしまいます。怒髪のさまがそのすがたでしょうか。家庭も我がむき出しになった時、修羅場と化すことを巷の事件が知らせてくれています。

王舎城の悲劇は、さまざまな人間の心のあり方を提起しながら展開していきます。

3

阿闍世王《あじゃせおう》は瞋怒《しんぬ》して
我母是賊《がもぜぞく》としめしてぞ
無道に母《はは》を害せんと
つるぎをぬきてむかいける

王舎城《おうしゃじょう》の太子阿闍世王《あじゃせおう》は目をむいて怒って、
わが母も賊であったと指さししめして、
人道を踏み外して己が母を殺害しようと、
剣を抜いて立ち向かいました。

『観経《かんぎょう》』に説かれる王舎城《おうしゃじょう》の悲劇が、次の段階へと拡大して問題は深刻化していきます。阿闍世太子《あじゃせたいし》は、牢獄に閉じ込めた父王には面会も差し入れも許しませんでした。しかし母・韋《い》提希夫人《だいけぶにん》の面会だけは許しました。しかし夫の王を尊敬していた夫人は、根本的な解決方法は判らないが、何とか夫に食べ物を届けてお腹が減る身の飢餓を助けたいと考えました。そこで夫人は、まず身を沐浴《もくよく》して清潔にし、乳と蜂蜜にパンの粉を混ぜてその身に塗りました。そして木の実に葡萄の汁を入れて首飾りに仕立て、口に清水を含んで、密かに王に与えました。

また夫人は夫の心の飢餓を和らげることを考えて、仏弟子の目連《もくれん》と富楼那《ふるな》を招いて王に仏法を説き聞かせました。そのお陰で王は心身ともに和らいで健やかでありました。

しばらく経って阿闍世太子が「父王はまだ生きているのか」と尋ねたのに対して、門守は韋提希夫人の行動を告げ王の健在を報告しました。それを聞いて阿闍世王は、何とわが母は私に逆らう賊であったと激怒して、剣を抜いて母に襲いかかっていきました。

このように生々しい状況をこの和讃《わさん》は伝えています。

父王には剣を向けず牢獄に閉じ込めるという冷静な処置をした太子が、母・韋提希夫人には激怒でもって即殺害の暴挙にでました。

二千五百年も年を経ながら、カッとなる怒髪が取り返しのつかない暴挙に繋がる人間の愚かさは、今も昔も変わらないことに愕然とします。

私の父住職は、中学生の私が門徒《もんと》参りに出かける時、「まず、一息」を忘れるな、とよくいいました。まず一息の間《ま》で自分や門徒の人が落ち着き、お経や袈裟《けさ》・衣《ころも》も落ち着くからだと話してくれました。

この「まず一息」の間をもつことは、人生を通じて大切なことだと、この和讃を味読《みどく》して思い起こしました。

4

耆婆《ぎば》月光《がっこう》ねんごろに
是旃陀羅《ぜせんだら》とはじしめて
不宜住此《ふぎじゅうし》と奏《そう》してぞ
闍王《しゃおう》の逆心いさめける

耆婆《ぎば》大臣と月光《がっこう》大臣の二人が懇《ねんご》ろに、「母殺害は旃陀羅《せんだら》の階級と恥ずかしめを受け、此処に住んでおれなくなる」と申し上げて、阿闍世王《あじゃせおう》の悪逆の心を諫《いさ》めました。

激怒して母・韋提希夫人《いだいけぶにん》に剣を振りかざした阿闍世王《あじゃせおう》に、仏教を深く信じた医者の耆婆《ぎば》大臣と聡明で知恵豊かな月光《がっこう》大臣が、「王位をむさぼり父を殺した者は多くおりますが、母を殺したのは聞いたことがありません。もし殺せば王道を汚すことになります。母を殺せば、インドの四つの階級からも外されている最下級の種族の旃陀羅《せんだら》のはずかしめを受けねばなりません。そればかりか王としてここに住んでおれなくなります」と、母を殺す恐ろしい逆心を思い改めるよう懇《ねんご》ろに申し上げ説得しました。

切羽詰まった恐ろしい出来事の中で、信心篤く経験豊かな人、聡明で知識豊かな人の存在に心が救われる思いがいたします。この篤信の耆婆大臣は、のちに阿闍世王を釈尊《しゃくそん》に引き合わせ「無根の信」を獲させました。無根とは、仏法無縁の人のことです。

しかし、この時阿闍世を諫《いさ》めた「是《ぜ》旃陀羅」は、『仏説観無量寿経《ぶっせつかんむりょうじゅきょう》』(『観経《かんぎょう》』)にでる教説ですが、後世のわれわれ仏教徒に大きな問題提起をしていることに気づかねばなりません。

旃陀羅は、インドの国民を四つの階級に分けた身分制度カーストで、最下級の中にも入らない身分のことです。その階級に生まれたばかりに「人間」の中にも入れない悲しさや悔しさをかかえている人びとが、現在も多く生活しています。

制度そのものには、われわれの力ではなすすべもありませんが、旃陀羅という言葉でいいあらわされる身分差別を、インドでのことだと片づけてしまわないで、現在なお差別の中に生きている人の存在を、「四海の信心のひとは、みな兄弟」(『蓮如上人御一代記聞書《れんにょしょうにんごいちだいききがき》』)とまず深く理解していくことの大切さを、この和讃《わさん》を通してあらためて思いました。

差別・蔑視《べっし》はいけないと頭ではわかりながら、つい無知・偏見などから無視したりする差別心への警鐘として、『観経』も和讃も学んでいかねばならないのではないでしょうか。

5

耆婆《ぎば》大臣おさえてぞ
却行《きゃくぎょうに》而退《たい》せしめつつ
闍《しゃ》王つるぎをすてしめて
韋提《いだい》をみやに禁じける

耆婆《ぎば》大臣は自らの剣を押さえながら、
後ずさりして身構えて、
阿闍世王《あじゃせおう》に剣を捨てさせ、
韋提希夫人《いだいけぶにん》を城の一室に監禁しました。

王舎城《おうしゃじょう》内で逆上して剣をぬき母を殺害しようとした阿闍世王《あじゃせおう》に向かって、耆婆《ぎば》大臣は自分の剣を押さえて後ずさりしながら身構えて事の重大さを示して、ついに王に剣を捨てさせました。そして耆婆大臣は韋提希夫人《いだいけぶにん》を宮殿の奥深い一室に閉置しました。『仏説観無量寿経《ぶっせつかんむりょうじゅきょう》』（『観経《かんぎょう》』）や『涅槃経《ねはんぎょう》』などに説かれた王舎城の悲しい事件の劇的な場面はこれで一件落着し、事件そのものを詠われた和讃《わさん》はここで終わります。

この後閉じ込められた夫人は、釈尊《しゃくそん》に教えを請いました。釈尊は耆闍崛山《ぎしゃくっせん》で『法華経《ほけきょう》』を説かれていましたが、目連《もくれん》・阿難《あなん》と共に王宮に来られて夫人に説かれた教えが、『観経』の教えであります。この『観経』全体をつつむ意味で、「観経意《かんぎょうのこころ》」和讃の第一首に説法の内容を説かれました。

こうして今までの五首の和讃を見てみますと、第一首は『観経』でいう序文和讃で、二首目は父を禁ずる和讃、そして三・四・五の三首は母を禁ずる和讃として詠まれています。

母を禁ずる和讃を三首にわたって詠まれたのは、親鸞聖人《しんらんしょうにん》が韋提希夫人の存在と母子の繋がりを重く見られたからだと思います。

その理由として考えられるのは、釈尊は多くの経典を仏弟子を相手に説いてこられましたが、この『観経』は釈尊の前で叫んだり嘆いたり愚痴《ぐち》ったりと煩悩《ぼんのう》そのままの一人の女性に説かれたもので、ここに親鸞聖人はすべての人びとをつつみ取る浄土《じょうど》の教えを強く喜ばれたからだと思います。さらに親鸞聖人は、『正信偈《しょうしんげ》』に「与韋提等獲三忍《よいだいとうぎゃくさんにん》」と詠われたように、韋提希夫人が仏教を聞いていただいた信心《しんじん》の三つの心の安らぎである喜（仏法によって受ける悦び）・悟（迷いからさめる）・信（仏智を疑わない）の心を、後世の念仏者も同じ喜びを受けることができることを尊ばれたからだと思います。

さらに親鸞聖人ご自身が妻と六人の子たちと生活を共にしながら、特に母と子の繋がりに感じられるものがあったのではないでしょうか。

6

弥陀《みだ》釈迦《しゃか》方便《ほうべん》して
阿難《あなん》目連《もくれん》富楼那《ふるな》韋提《いだい》
達多《だった》闍王《しゃおう》頻婆《びんば》娑羅《しゃら》
耆婆《ぎば》月光《がっこう》行雨《ぎょうう》等《とう》

阿弥陀《あみだ》、釈迦《しゃか》の二尊《にそん》は、真実へ引き入れる方便として、仏弟子の阿難《あなん》や目連《もくれん》、富楼那《ふるな》そして韋提希夫人《いだいけぶにん》、提婆達多《だいばだった》、阿闍世王《あじゃせおう》、頻婆娑羅王《びんばしゃらおう》、耆婆《ぎば》、月光《がっこう》、行雨《ぎょうう》等を登場させました。

この和讃《わさん》は親鸞聖人《しんらんしょうにん》が『仏説観無量寿経《ぶっせつかんむりょうじゅきょう》』（『観経《かんぎょう》』）の内容によるのではなく、経の説かれた深い意義を汲み取った上で親鸞聖人のお考えを詠まれたお歌であります。

親鸞聖人は『観経』を、隠顕《おんけん》の義《ぎ》、すなわち顕われた言葉に隠された意義があるという視点で読まれました。

例えば、結婚式のスピーチで新郎新婦を褒《ほ》めますが、そのまま聞けば立派なもんだと自惚れになります。しかし、今日はめでたい席だから褒めておくが、どうか褒めた人のようになってくれとの励ましであったと、顕われた言葉に隠された意義を汲み取ると、スピーチの意味も深まってきます。

このように隠顕の義は受け止める心の深さを教えています。

親鸞聖人は、この悲劇の根本は、永遠の法の阿弥陀仏《あみだぶつ》と、それを説く釈迦牟尼仏《しゃかむにぶつ》の二尊が人びとを巧みにさとりの智慧《ちえ》に近づけたい方便のお心から起こったことであるとされ、その隠された意義を、まず「弥陀釈迦方便して」と顕わされました。

そして次に、王舎城《おうしゃじょう》の悲劇にそれぞれの役割で登場して、『観経』の成立に貢献した人たちの名を列挙されました。初めに記された阿難《あなん》、目連《もくれん》、富楼那《ふるな》の三仏弟子は、釈尊《しゃくそん》の説法を直接助けた人たちです。そして愚痴《ぐち》の韋提希夫人《いだいけぶにん》、悪友・提婆達多《だいばだった》、復讐の阿闍世太子《あじゃせたいし》、仙人殺害の頻婆《びんば》娑羅王《しゃらおう》、さらに耆婆《ぎば》・月光《がっこう》・行雨《ぎょうう》（雨行）の三大臣たちは、実はすべての人を浄土《じょうど》に迎えたいと願われている阿弥陀仏の教えに、どのような立場であっても遇うことができることを身をもって示しているのだと、明らかにされた和讃であります。

阿弥陀仏のさとりの智慧は「大地のように浄穢《じょうえ》、好悪《こうお》も差別する心をもたずにすべてをつつみ取り育てる」（『仏説無量寿経《ぶっせつむりょうじゅきょう》』取意）はたらきであるので、悪役も善役も平等に価値ある存在として尊び認められる世界であると、この和讃は顕わしています。

7

大聖《だいしょう》おのおのもろともに
凡愚《ぼんぐ》底下《ていげ》のつみびとを
逆悪もらさぬ誓願《せいがん》に
方便引入《ほうべんいんにゅう》せしめけり

これらの大聖《だいしょう》（前和讃の人たち）は一人のこらず、凡夫《ぼんぶ》の愚かな迷いの底下に沈む人たちを、五逆《ごぎゃく》・十悪《じゅうあく》を犯しても漏らさない阿弥陀仏《あみだぶつ》の誓願《せいがん》に、方便・手だてとして引き入れられたのです。

この和讃《わさん》に述べられる「逆悪《ぎゃくあく》」とは、五逆罪《ごぎゃくざい》と十悪業《じゅうあくごう》のことを指しています。

五逆罪とは、五つの自己否定の自殺行為を指し、周りの人びとに大きな迷惑をかける重罪で、それに対する刑罰は絶え間なく苦しみを受ける無間地獄《むげんじごく》に堕ちることだといわれています。

その五逆罪とは、

①殺父……父は自分の中に生きているので自己否定。②殺母……自己生育の否定。③殺阿羅漢《あらかん》……梵語《ぼんご》アルファンの音写《おんしゃ》で「師」と訳し、自己成長の否定。④破和合《はわごう》……親しみ合いを妨げ

る。⑤傷仏身《しょうぶつしん》……仏法否定。

をいいます。これらを実行することはもちろん大きな罪悪ですが、実行せずとも心の中で否定したり排除したりすることの罪悪も指摘している教えといえます。

また十悪業は、身口意《しんくい》の三業《さんごう》（行い）から起こる乱れた行為で、地獄《じごく》・餓鬼《がき》・畜生《ちくしょう》の三悪道《さんまくどう》に堕ち激しい苦を受けると説かれています。

十悪業とは、

身業《しんごう》（行い）として①殺生《せっしょう》、断生命《だつせいめい》ともいう。②偸盗《ちゅうとう》、不与取《ふよしゅ》（与えず取る）ともいう。③邪淫《じゃいん》、邪欲《いんよく》ともいい、よこしまな男女関係。口業《くごう》として④妄語《もうご》、嘘をつくこと。⑤両舌《りょうぜつ》、二枚舌のこと。⑥悪口《あっく》、使ってはいけない言葉。⑦綺語《きご》、かざり言葉。意業《いごう》として⑧貪欲《とんよく》、貪愛《とんない》ともいい、自分を貪《むさぼ》る心。⑨瞋恚《しんに》、いかりの心。⑩愚痴《ぐち》、邪見《じゃけん》ともいい、愚かな心。

のことです。

親鸞聖人《しんらんしょうにん》は、前和讃で名を挙げた人たちを、この和讃では人びとを導く知徳ある「大聖《だいしょう》」と讃《たた》えられました。すなわち、迷いの中にあって五逆罪や十悪業を犯した者も、すべての人びとを漏らさずにさとりの智慧《ちえ》の中におさめとって必ず仏道を歩む人にするための巧みな手だて（方便）の「大聖」であったと受け止められて、その隠れた意義を顕らかにされました。

8

釈迦《しゃか》韋提《いだい》方便《ほうべん》して
浄土《じょうど》の機縁熟《じゅく》すれば
雨行《うぎょう》大臣証《しょう》として
闍《しゃ》王逆悪興《こう》ぜしむ

釈迦牟尼仏《しゃかむにぶつ》は、韋提希夫人《いだいけぶにん》を方便（手だて）として、浄土《じょうど》の念仏《ねんぶつ》の教えを説く機縁が熟したので、雨行《うぎょう》大臣が王舎城《おうしゃじょう》の悲劇の発端を証明して、阿闍世王《あじゃせおう》の反逆悪行を引き興させたのです。

この和讃《わさん》も、親鸞聖人《しんらんしょうにん》が『観経《かんぎょう》』や『涅槃経《ねはんぎょう》』からいただかれた喜びを述べられています。

親鸞聖人はこの王舎城《おうしゃじょう》の悲劇を通して、『観経』は、釈尊《しゃくそん》が阿弥陀仏《あみだぶつ》のすべての人びとを迎え入れたいと願われた浄土《じょうど》の教えを人びとに説き聞かせる機縁が熟したから説かれた経典である、といただかれました。

その機縁となった悲劇全体も単なる事件ではなく、登場する韋提希夫人《いだいけぶにん》も雨行《うぎょう》（行雨）大臣の証言も阿闍世太子《あじゃせたいし》の父母に対する大逆悪を興させたのも、すべて浄土の教えに引き入れる手だて・方便であったと解釈された中国の善導大師《ぜんどうだいし》の説を喜ばれて、詠まれた和讃であります。

当初のインド・中国の仏教界では、韋提希をはじめ登場する人物はすべて、知徳ある大菩薩《ぼさつ》が身を変えていると解釈されていました。厳しい自力《じりき》修行によって仏に近づいていくのが仏教だと考えるのが仏教界の常識でしたから、当然のことと思います。この常識を覆されたのが中国の念仏者・善導大師でした。

善導大師は、釈尊が韋提希夫人に「貴女は凡夫《ぼんぶ》です。凡夫というのは心が弱くて愚かな者のことです。なぜならば自分の考えを中心にするので、正しい判断や深い意味を汲み取ることができないのです」（『観経』取意）と告げられたのは、夫人は実際に煩悩《ぼんのう》に迷う凡夫そのものであり、菩薩が身を変えた演技ではないからだと断じられました。

仏教即凡夫。この解釈を身をもって実行されたのが親鸞聖人でした。僧のまま結婚され、六人の子どもとの生活をおくりながら、念仏とともに生活即仏道を歩まれました。この親鸞聖人の人生を決定づけたのが、善導大師の「古今の説を正しく定める」教えでした。

私たちが親しむ『正信偈《しょうしんげ》』で、「善導独明《ぜんどうどくみょう》　仏正意《ぶっしょうい》」（善導独り仏の正意を明かす）と節《ふし》を改めてお勤《つと》めするのも、特別の人たちが歩む道とされていた聖道《しょうどう》仏教を、煩悩から離れることのできない凡夫の歩む道として『観経』を通して一大転換をされた善導大師の教えを讃えているからです。

9

定《じょう》散諸機各別の
自力《じりき》の三心《さんじん》ひるがえし
如来《にょらい》利他の信心に
通入せんとねがうべし

心を定めて念仏《ねんぶつ》する人、散る心で念仏する人が各々に、真心《まごころ》をおこして仏と成る自力《じりき》の三心《さんじん》をひるがえして、阿弥陀如来《あみだにょらい》の利益《りやく》を他の人々に与える信心《しんじん》に、自力門を通って入りたいと願うべきであります。

この和讃《わさん》は、親鸞聖人《しんらんしょうにん》が『仏説観無量寿経《ぶっせつかんむりょうじゅきょう》』（『観経《かんぎょう》』）の大綱を述べられています。

『観経』は全体を通して二通りの信心《しんじん》のあり方が説かれています。

一つは、自力《じりき》の三心《さんじん》である至誠心《しじょうしん》（真心《まごころ》を尽くして）、深心《じんしん》（ひたすらに念仏《ねんぶつ》を称《とな》え）、回向発願心《えこうほつがんしん》（その善根《ぜんこん》を仏にふり向けて浄土《じょうど》に生まれ人間完成したい）、と心を定めて念仏を修する自力定善《じょうぜん》の人をいいます。

二つは、自力の三心で念仏を称えながらもさまざまな善行《ぜんぎょう》に心を散らす信心のあり方を、自力散善《さんぜん》の人といいます。

これを、定散二善《じょうさんにぜん》といわれますが、その二善の修め方が『観経』にはそれぞれ別々に説かれています。

その『観経』を、自力の信心のあり方を示しながらも、自力にとどまってはならないことを説く経典と受け止められて、顕われた言葉に隠された意義があると読み取られたのが、親鸞聖人であります。経文の上に顕われた言葉は、自力定心と自力散心の信心について説かれています。しかしそこに隠れた意義は、これらの信心を要の門として、やがては永遠に変わらず一点の不安もない阿弥陀《あみだ》如来《にょらい》のすべての人をおさめとる真実の信心の法門を通り、確かな信心の喜びの世界に入りたいと願う人になってほしいと説かれた経典であると、親鸞聖人は受け止められました。

わが身わが心をたよりにまことを尽くす自力の信心は確かなように思えますが、志半ばで進めなくなった時など未完成の信心となってかえって不安になる可能性があります。

それに対して、今ここに勧められる阿弥陀仏の真実の信心は、南無《なむ》阿弥陀仏の念仏が私にとどいた時に完成します。あとは念仏のいわれを聞き喜ばせていただくのみです。

阿弥陀仏の真実の信心を讃え勧めて『観経』和讃を閉じられました。

已上観経意――以上九首は親鸞聖人が『仏説観無量寿経』をもとに読まれた和讃です。

1

十方微塵世界《じっぽうみじんせかい》の
念仏の衆生をみそなわし
摂取《せっしゅ》してすてざれば
阿弥陀《あみだ》となづけたてまつる

十方《じっぽう》の塵《ちり》の数ほどの世界の、
念仏《ねんぶつ》する人びとをさとりの智慧《ちえ》で照らし見られて、
おさめとって捨てることがないので、
アミタ（無量《むりょう》）と名付け申し上げるのです。

この和讃《わさん》からの五首は、釈尊《しゃくそん》が説かれた『仏説阿弥陀経《ぶっせつあみだきょう》』をもとに親鸞聖人《しんらんしょうにん》が詠まれています。

この第一首目は、阿弥陀仏が念仏《ねんぶつ》に親しむ人びとをさとりの智慧《ちえ》で照らし見守りながら、必ずおさめとって捨てることがないのでアミタ（無量）と呼ばれると、名のはたらきを讃《たた》えられています。その摂取不捨《せっしゅふしゃ》といわれる念仏の人びとの、「十方《じっぽう》の微《こま》やかな塵《ちり》の数ほどの世界」とは何を指しているのでしょうか。

一般には世界といえば、それぞれの国が集まった地球全体を指した言葉ですが、仏教ではこの世界を三千大千世界といって微やかな塵の数ほどのたくさんの世界があると説いています。これはあまりにもかけ離れた見方ではないかと疑問をもつ人が多いと思います。

仏教でいう世界は心の動きをいいます。

例えば、私の住む家は私の世界です。その中の私の書斎は、私の世界で、そこに居る私は男の世界、父親の世界、夫の世界とさまざまな世界をかかえています。住職を譲って前住職になれば、「私も譲りました」と聞くと共鳴し、私は今「譲った方が目をつむる」修行を積んでいますと問題を共有します。この心の動きが前住職の世界を作っています。

こうして微やかな世界でさまざまに心が動きます。ですから、一人に一つの心ではなく数えきれない世界をかかえていますから、何億という人数になると微塵の数の世界になります。

また仏教では世界のことを刹《せつ》といい、一つの心を起こす瞬間を刹那《せつな》といいます。心の動きの数が多く激しいことを示しています。その上一つ一つの世界に喜怒哀楽の塵の数ほどの多くの感情が動きますので、塵刹《じんせつ》といわれています。

仏さまはこの微塵の心の動きに間に合うように、時も処も条件もいらない念仏、「今、心にとどく仏」と成ってはたらいてくださっているのです。

2

恒沙塵数《ごうじゃじんじゅ》の如来《にょらい》は
万行《まんぎょう》の少善きらいつつ
名号《みょうごう》不思議の信心を
ひとしくひとえにすすめしむ

ガンジス河の砂の数ほどの如来《にょらい》は、
自力《じりき》の万行《まんぎょう》は少しの善でしかないと退けて、
南無阿弥陀仏《あむあみだぶつ》の名号《みょうごう》の、人の思議を超えた信心《しんじん》を、
等しくひとえに勧めてくださっています。

『仏説阿弥陀経《ぶっせつあみだきょう》』は、阿弥陀仏《あみだぶつ》がさとりの浄土《じょうど》に生まれるために一切のはたらきを込めてとどけた念仏《ねんぶつ》を称《とな》えよ、と念仏往生《おうじょう》を勧められたお経です。そして、この教えを恒沙塵数《ごうじゃじんじゅ》の如来《にょらい》が自ら証明し護っていることを述べられた和讃《わさん》です。

インド北部に流れるガンジス河は、ヒンドゥー語でガンガーと呼ばれ、中国語で恒河《ごうが》といわれました。その砂を恒沙《ごうじゃ》といいます。塵数《じんじゅ》は空中の塵《ちり》の数のことで、恒沙塵数で計算不可能な数のことをあらわしています。経典では特に仏・菩薩《ぼさつ》・諸仏の数の無数に多いことをあらわす意味で

用いられていますが、何ともスケールの大きいたとえです。

ここに述べられる如来は、さとりの浄土で煩悩《ぼんのう》を離れ人間完成した諸々の仏のことを指していますので、恒沙塵数でその数は量《はか》ることができません。その諸仏が自らを浄土のさとりの仏へと導いた念仏の教えを讃《たた》えることによって、自ら諸仏と成ったことの誠なることを証明しています。その証明こそさとりの仏と成る自力《じりき》の行は、どれだけ万行《まんぎょう》を積んでも人間の煩悩が混ざるので、少ない善の喜びに終わることを示されています。

そして、諸仏がさとりの智慧《ちえ》である南無《なむ》阿弥陀仏の念仏こそ、勝《すぐ》れた善行《ぜんぎょう》の根であり豊かな喜びのはたらきのもとであることを、一切の人びとに「ひとしく」平等に「ひとえにすすめしむ」ことが述べられています。

私たちも、仏教を聞いて亡き人が煩悩を離れた人になられたと合掌《がっしょう》し礼拝《らいはい》することができた時、亡き人は諸仏といえます。そうした意味で蓮如上人《れんにょしょうにん》は、亡き人の命日を「明日」と呼ばれました。明はさとりの智慧をあらわす言葉です。そして諸仏は自ら念仏を讃え私たちに勧めてくださっています。諸仏の明日のご縁で、私たちも諸仏の喜び讃えている念仏に遇わせていただき、深い喜びに出遇います。私が先祖を供養する念仏、喜ばせてあげる念仏とは大きな喜びの違いです。

この和讃は、諸仏が念仏の信心を勧められている和讃です。

3

十方恒沙《じっぽうごうじゃ》の諸仏は
極難信《ごくなんしん》ののりをとき
五濁悪世《じょくあくせ》のためにとて
証誠《しょうじょう》護念せしめたり

十方《じっぽう》のガンジス河の砂の数ほどの諸々の仏は、
煩悩《ぼんのう》ゆえ極めて信ずることの難しいさとりの法を説き、
五つの濁りに乱れたこの世を救う道はただ念仏一法《ねんぶついっぽう》と、
真実の言葉で証明し念仏者を護り包まれています。

『仏説阿弥陀経《ぶっせつあみだきょう》』（『弥陀経』）によって和讃《わさん》された第三首目は、阿弥陀仏の真実の言葉は信じることは難しいけれども、この世ではこれより他に喜びと安らぎの道のないことを諸仏が証明して人びとに勧められていることを述べられた和讃です。

その念仏《ねんぶつ》の教えに照らし出されたこの世を、『弥陀経』は五濁悪世《ごじょくあくせ》と説いています。正しい道理が見えない五つの社会的・精神的な乱れのことです。五濁とは、

①劫濁《こう》……劫は時代という意味で、果てしなく繰り返される戦争、科学の発達がもたらす問題、

天災地変などさまざまな苦悩困難を生み出す世相。
②見濁《けん》……現代の教育の目的は一人ひとりが意見や見解をもつ個の確立にありますが、その中に生まれる対立や闘争の激化・深刻化を確認していかねばなりません。
③煩悩濁《ぼんのう》……一番可愛い自分にかなうものは愛し、かなわないものは憎み、その心で善悪を判断しながらその心のあり方に気づかない愚かさを指します。
④衆生《しゅじょう》濁……昔は主従関係で個が埋没し、今は大衆伝達のマスコミ、大量生産のマスプロで個が埋没します。豊かな個の思想・行動の回復が人間性です。
⑤命《みょう》濁……いのちとは、そのものだけがもつ価値のことです。石の価値は重さです。色や形ではありません。

念仏者・浅田正作《あさだしょうさく》さんは、「五濁悪世」と題した詩で「ものがあふれ／情報が氾濫し／そのなかにおぼれ／押し流されながら／救いを求めるひとの／なんと　稀なことか」（『念仏詩集　骨道を行く』法藏館）と詠まれています。

救いを求める人が稀《まれ》なのは、人間性を失う五濁の悪世に居る自分に気づいていないからです。気づかない人には信じることは難しいけれども、『弥陀経』に、人類の立っているところをつぶさに示して気づくことによって、喜びと安らぎの道のあることを明らかにされました。

4

諸仏の護念証誠《しょうじょう》は
悲願成就のゆえなれば
金剛《こんごう》心をえんひとは
弥陀《みだ》の大恩報ずべし

諸仏が念仏者《ねんぶつしゃ》を護りつつみ、誠実な言葉で証明するのは、阿弥陀仏《あみだぶつ》がわが名を称《とな》えよとの悲願を起こされたからで、その願いの変わらぬ堅固な金剛の信心《しんじん》を得た人は、阿弥陀仏の大いなるめぐみに報謝いたしましょう。

この和讃《わさん》で、「悲願」すなわち大悲の願といわれる阿弥陀仏《あみだぶつ》の第十七願は、「もし私が仏と成った時、十方《じっぽう》世界の無量《むりょう》の諸仏がことごとく南無《なむ》阿弥陀仏のわが名をほめ讃《たた》えてすべての人びとに聞かせることがなかったならば、私はまさしく仏に成ったとはいえない」と誓われた願いです。この願を「諸仏称揚《しょぶつしょうよう》（ほめ讃える）の願」といいますが、親鸞聖人《しんらんしょうにん》は大悲の願と呼ばれました。この阿弥陀仏の大悲の願が具体的に成し遂げられたのが、諸仏が念仏《ねんぶつ》を護念証誠《ごねんしょうじょう》されるはたらきであります。この諸仏が自ら仏と成った念仏を勧めるはたらきこそ、私たちがお勧めする先祖の年回法事であります。ともすると法事を亡き人とのお付き合い程度に思っている人や、亡き人を供養してあげる日と考えている人があります。しかし、法事は人間の事業ではなく仏さまの事業（はたらき）なのです。ですから「仏法の事業」すなわち法事といい、仏事ともいいます。迷いのもとであった我《が》を離れ、浄土《じょうど》の諸仏と成られた先祖が、年回を縁に合い寄り集うて念仏を称《とな》え、仏さまの説法のお経を聞いてくださいと私たちにはたらいてくださっているのです。確かに法事は私が準備をするのですが、その底に仏さまと成られた先祖のはたらきがあってお勤《つと》めしているのです。

自力《じりき》の底に他力《たりき》のあることを教えているのが法事であります。

また、大悲の大は、すべての人をつつむ普遍と最も優れた最勝の意味を含んだ文字です。悲は「あらずの心」と書きますので、法事は先祖供養の日と思い込んでいる人、また行き詰まって落ち込んでいる人に、「そんなもんじゃないですよ」と心を寄せてくださる普遍で最勝の仏心を、大悲といわれました。大悲には他人と自分の境がありませんので、「同体の大悲」ともいわれます。

ある小学五年の女の子が、学校に行けない精神状態に苦しんでいる時に、おじいちゃんがかけてくれた「一緒に頑張ろうね」の一言で心が開かれたと手記に書いていました。頑張れ頑張れと追い込んでいくのではなく、「一緒に」という同体の悲しみが通じたのではないでしょうか。

5

五濁《じょく》悪時悪世界
濁《じょく》悪邪《じゃ》見の衆生には
弥陀《みだ》の名号《みょう》あたえてぞ
恒沙《ごうじゃ》の諸仏すすめたる

五つの濁りに乱れた時代、乱れた世界の、
濁りと乱れで正しい道理を見失った邪見《じゃけん》の人びとに、
さとりの南無阿弥陀仏《なむあみだぶつ》の名号《みょうごう》を与えて、
恒河《ごうが》の砂の数ほどの諸仏は念仏信心《ねんぶつしんじん》を勧められています。

この和讃《わさん》では、『仏説阿弥陀経《ぶっせつあみだきょう》』（『弥陀経』）全体の意《こころ》を詠まれて五首の結びとされました。すなわち初めの二句の「五濁《じょく》 悪時悪世界」「濁悪邪見《じょくじゃ》の衆生には」は、人びとの煩悩《ぼんのう》や迷いの心は人類始まって以来変わらないものであることを示された言葉であります。これを、機《き》の真実といいます。機の真実とは、教えを受ける人の心根が変わらないことです。

後の二句の「弥陀《みだ》の名号《みょう》あたえてぞ」「恒沙《ごうじゃ》の諸仏すすめたる」は、阿弥陀仏の説かれる法は永遠に変わらない真理であることを明らかにされた言葉です。これを、法の真実といいます。

浄土真宗《じょうどしんしゅう》の拠り処とする浄土三部経は、「機《き》法二《ほうに》種《しゅ》の真実」を明らかにされた経典であります。

『仏説無量寿経《ぶっせつむりょうじゅきょう》』は、阿弥陀仏の本願念仏《ほんがんねんぶつ》こそ永遠に変わらない教えであることを説いた、法の真実の経典です。

『仏説観無量寿経《ぶっせつかんむりょうじゅきょう》』は、煩悩に迷う凡夫《ぼんぶ》こそ真実の法によって喜びを受ける機の真実であることを説く経典であります。

『仏説阿弥陀経』は、法は機に信心《しんじん》をとどけ、機は法により信心を受けるので、法と機は一体であることを示す、念仏の教えを讃《たた》えた経典であります。そして、阿弥陀仏が念仏の法を説き、その念仏の法で浄土の人と成った諸仏が念仏を讃えることで、機法一体であることを示しています。

ここに述べられる濁悪邪見《じょくあくじゃけん》とは、一番可愛い自分を土台にものを見るので、ありのままに正しく見えず心乱れるのが濁悪、邪見は濁悪にもとづく意見・見解ですので、その濁悪邪見の思想からは必ず対立が生まれます。濁悪邪見は、人類が続く限りかかえている深い果てしない問題であることを説いています。

その機に対する法はただ念仏一法であることを『弥陀経』は勧めています。

この経は、誰からも問われないで、自ら語られるので『無《む》問自《もんじ》説経《せっきょう》』ともいわれています。

已上弥陀経意――以上五首は親鸞聖人《しんらんしょうにん》が『仏説阿弥陀経』によって詠まれた和讃です。

1

無明《むみょう》の大夜《たいや》をあわれみて
法身《ほっしん》の光輪きわもなく
無碍《むげ》光仏としめしてぞ
安養界に影現《ようげん》する

仏の明智《みょうち》を見失い大きな迷いの闇夜の人をあわれんで、
さとりの法の身から放つ智慧《ちえ》の輪は果てしなく、
「なにものにもさえぎられない智慧の仏」と名乗られて、
さとりの安養浄土《あんにょうじょうど》に姿を顕わされました。

諸経のこころによりて　弥陀和讃《みだわさん》　九首

と親鸞聖人《しんらんしょうにん》が記された通り、これより九首は、浄土真宗《じょうどしんしゅう》のよりどころとする浄土三部経以外の経典をもとに阿弥陀仏《あみだぶつ》のはたらきを讃《たた》えられた和讃《わさん》であります。

まず初めは、『法華経《ほけきょう》』によって記されました。

『法華経』は正式には『妙法蓮華経《みょうほうれんげきょう》』といい、釈尊《しゃくそん》が耆闍崛山《ぎしゃくっせん》で説かれた内容を訳経僧・鳩摩羅什《くまらじゅう》が『仏説阿弥陀経《ぶっせつあみだきょう》』の四年後に訳した経典です。日本では天台宗、日蓮宗や新興宗教がよりどころとしている経典です。

私たちの人生を織りなす煩悩《ぼんのう》は、百八とも八万四千ともいわれますが、その根本は「煩悩の王は無明《むみょう》というなり」（親鸞聖人の「無明の大夜《たいや》」の注釈）と示されるように、物事の道理を正しく理解できない無明心と説かれました。無明心が表に出て愚痴《ぐち》になります。無明心を無明の闇、無明の海、無明の樹ともいわれます。この和讃では、こうした私たちの深い迷いを無明の大夜とあらわして、阿弥陀仏は深く哀れみ悲しんで、法身《ほっしん》の光輪《こうりん》きわもなく照らしてくださることを讃えています。

そしてここに説かれる「影現《ようげん》」について、親鸞聖人《しんらんしょうにん》は「影のごとくにあらわるるなり」と注釈されている通り、阿弥陀仏がさまざまな心根《こころね》の人びとを導くために自らのはたらきを名や形を変えてあらわれることをいいます。ここでは、人間の煩悩にさえぎられることなく人びとの心にさとりの教えをとどける「尽十方無《じんじっぽうむ》碍《げ》光仏《こうぶつ》」という名とはたらきをあらわされました。

影というと力のないように思いますが、影は光があたってあらわれる姿ですから、影には必ず影となる本体があり、さらに必ず映し出す光があります。阿弥陀仏のさとりの智慧《ちえ》の光明《こうみょう》が本体を照らして映し出された影は、照らす智慧と本体が一つとなって長く私たちのところにとどいて、本体のはたらきをしています。

この意味で、東西本願寺《ほんがんじ》にご安置する親鸞聖人像をご真影《しんねい》と呼んでいます。

2

久遠実成《くおんじつじょう》 阿弥陀仏《あみだ》
五濁《じょく》の凡愚《ぼんぐ》をあわれみて
釈迦牟尼仏《しゃかむに》としめしてぞ
迦耶城《がやじょう》には応現する

久しき昔に実に成仏《じょうぶつ》された阿弥陀仏《あみだぶつ》は、時代や人間の能力など五つの迷いをもつ凡夫《ぼんぶ》をあわれみ、釈迦牟尼仏《しゃかむにぶつ》としてあらわれて、迦耶城《がやじょう》で人びとの前に出られました。

この和讃《わさん》も『法華経《ほけきょう》』をもとに詠まれています。親鸞聖人《しんらんしょうにん》は、この和讃の句頭に「久遠実成《くおんじつじょうあ》阿弥陀仏《みだ》」と詠まれましたが、これは釈尊《しゃくそん》の説かれた『仏説無量寿経《ぶっせつむりょうじゅきょう》』によって「弥陀成仏のこのかたは／いまに十劫《じっこう》（久遠）をへたまえり」と冒頭和讃に讃嘆《さんだん》されたように、量《はか》り知れない久遠の彼方に実にめざめた人となられたのが阿弥陀仏であることを、まず明確にされたお言葉です。

そしてその久遠よりの無量《むりょう》の真理のはたらきである阿弥陀仏が、煩悩《ぼんのう》に苦悩する人びとに応えて姿をあらわしたのが、西方浄土《さいほうじょうど》の教主であり、「いま現にましまして法を説きたまう」（『仏説阿《ぶっせつあ》弥陀経《みだきょう》』）と教えを伝えるばかりでなく、シャカ族の子・釈尊も人びとの心根《こころね》に応じてこの世に出現された無量の真理のはたらきのあらわれと、受け止められました。

このことは、天台宗で阿弥陀仏の直接の説法といわれている『法華経』「寿量品《じゅりょうほん》」に「本門（本体）とする釈迦とは阿弥陀仏のことである」（取意）と説かれているところから、あらためて「久遠の昔に実に成仏されたのは阿弥陀仏である」ことを明らかにして、そのはたらきを讃《たた》えられた和讃であります。

なお、ここに述べられる迦耶城《がやじょう》の「ガヤ」は、本来釈尊がさとりを開かれたブッダガヤのことで、城とはいいません。親鸞聖人はこの和讃で、迦耶城の注釈に「浄飯王のわたらせたまいしところを迦耶城というなり」と記されています。浄飯王《じょうぼんのう》とはインド名でスッドウダといい釈尊の父の名ですが、釈尊が誕生し生活したのはカピラ城ですので、明らかに間違っています。これは、親鸞聖人が注釈の参考にされた『法華経』を解釈した『法華玄賛《げんさん》』が、「旅の途中で書いたので十分研鑽を得たものではない」（取意）と著者がいうように不確実な書物だったからのようです。

いずれにしましても、シャカ族の子に生まれやがて尊き人・釈尊と成って、社会的・精神的に濁り乱れた世の人びとに仏教を説き光を与えられたのは、久遠のかなたに真理を明らかにされた阿弥陀仏のはたらきのあらわれであります。

3

百千倶胝《くてい》の劫《こう》をへて
百千倶胝《くてい》のしたをいだし
したごと無量のこえをして
弥陀《みだ》をほめんになおつきじ

百×千と倶胝《くてい》（億）で十万億の時代をかけて、十万億の人が舌を出して、舌を動かすごとに量《はか》り知れない大きな声で、阿弥陀仏《あみだぶつ》をほめる念仏《ねんぶつ》の声が尽きませんでした。

この和讃《わさん》は、『仏説阿弥陀経《ぶっせつあみだきょう》』の異訳である『称讃浄土経《しょうさんじょうどきょう》』によって詠まれています。大もととなる古代インドの梵語《ぼんご》の経典を、中国の三蔵法師《さんぞうほうし》・鳩摩羅什《くまらじゅう》が訳したのが『仏説阿弥陀経』で、三蔵法師・玄奘《げんじょう》が訳したのが『称讃浄土経』であります。

親鸞聖人《しんらんしょうにん》が、ここにこの『称讃浄土経』の言葉を引用されたのは、先に和讃された久しき昔に仏と成られた久遠実成の阿弥陀仏のそのはたらきは、讃《たた》えても讃え尽くせない喜びであることを『称讃浄土経』の教説を引用して、重ねてほめ讃えるためであります。

『称讃浄土経』では、阿弥陀仏のさとりのはたらきは、百千倶胝那由多《くていなゆた》の劫《こう》を経ていると讃えています。倶胝那由多とは「億」の意味で、百かける千で十万億になります。劫は「長時」という意味で、阿弥陀仏がさとりの仏と成られて、十万億の長時を経ていると説いています。

しかも、『称讃浄土経』に「一一の舌の上に無量の声を出しその功徳を讃え尽きることがない」（取意）と述べられているように、多くの人たちが一人ひとり舌を動かし、一人ひとりが声にだして阿弥陀仏の勝《すぐ》れたはたらきである功徳《くどく》（念仏）をほめ讃えていると説かれています。

これらの表現は、私たちには戸惑いすらおぼえる数字であり風景ですが、これは誇張した空想の表現ではありません。考えてみれば、『法華経《ほけきょう》』をよりどころとして信心《しんじん》喜ぶ人の数、また浄土三部経の教えに生きる人びとの数は、経典が説かれて以来到底数え尽くすことはできません。しかも、信心の人びとが一生涯に教えを聞き信心を得た時間の長さ、喜びの深さは計算不可能な数字になります。また、一人ひとりが経典を読誦し、仏さまの名を声にだし仏さまのはたらきを讃えた音量も、算数の世界を遥かに超えたものであります。

そして、『称讃浄土経』に説かれた常識を超えた表現は、とりもなおさず阿弥陀仏のはたらきは褒《ほ》めようとしても褒め尽くせない、ということをあらわしています。

深い信心歓喜《かんぎ》の和讃であります。

4

大聖《だいしょう》 易往《いおう》とときたまう
浄土《じょうど》をうたがう衆生をば
無眼人《むげんにん》とぞなづけたる
無耳人《むににん》とぞのべたまう

大聖《だいしょう》 釈迦牟尼仏《しゃかむにぶつ》は、浄土《じょうど》は往《ゆ》き易しと説かれました。なのに往き難くするのは浄土を疑う心で、その人を阿弥陀仏《あみだぶつ》を見る眼《まなこ》をもたない無眼人《むげんにん》と名付けられ、仏教を聞く耳をもたない無耳人《むににん》と述べられました。

この和讃《わさん》からの四首は、阿弥陀仏《あみだぶつ》の西方浄土《さいほうじょうど》のはたらきが讃《たた》えられています。まず初めに、仏弟子・目連《もくれん》の問いに対して説かれた『目連所問経《もくれんしょもんぎょう》』によって述べられています。『目連所問経』は、インドから渡来した中国の訳経僧・法天《ほうてん》が翻訳した経典です。

この経題に出る目連は、大目犍連《だいもっけんれん》ともいい、釈尊の十大弟子の一人で、不思議な力を具《そな》えた神通力第一《じんずうりきだいいち》といわれた人です。当初は仏教以外の教団に所属していましたが、舎利弗《しゃりほつ》とともに仏弟子となりました。餓鬼道《がきどう》から亡母を救ったことを説く『盂蘭盆経《うらぼんきょう》』で有名です。

『目連所問経』で、聖者釈尊《しゃくそん》が「無量寿仏国《むりょうじゅぶっこく》（浄土）は往《ゆ》き易く取り易し」と説かれているのを、この和讃で「大聖易往《だいしょういおう》とときたまう」と述べ、浄土に往き易いことを讃えられています。阿弥陀仏のさとりの言葉が私にとどいて信心《しんじん》となり、その信心が仏と成る種となって、私たちが浄土に往き生まれることが定まるのですから、私たちには修行を積むというような負担もないので、浄土は「往き易く」といわれました。

しかし一方で、「浄土をうたがう衆生」を、『目連所問経』では「無眼人《むげんにん》とぞなづけたる」「無《む》耳人《ににん》とぞのべたまう」と説かれていると示されました。ここにいわれる「無眼人」「無耳人」は、視力や聴力を失った人という意味ではもちろんありません。

阿弥陀仏が、人びとの苦を除き喜びを与えたいとかけられた願いである本願《ほんがん》の教えを、疑いで聞く耳・見る目を失った心を閉ざした人のことを無眼人・無耳人といわれました。仏教は死ぬための教えだ、死んだ人を供養するための教えだというわが思い込みが、仏教を疑う心を生んでいきます。死を最も深い心で味わい、死とともに歩む豊かな人生を培う仏教への道を閉ざすのが、疑う心です。また疑う心は、ありのままに正しくものを見ることを狂わせるので、無明心《むみょうしん》ともいわれます。さらに疑う心は、自力《じりき》の中に閉じこもり、生きる世界を小さく浅くしてしまいます。

この和讃は、阿弥陀仏の易往の浄土を讃えるとともに、人びとの疑う心を戒められています。

5

無上上は真解脱《しんげだつ》
真解脱は如来《にょらい》なり
真解脱にいたりてぞ
無愛無疑とはあらわるる

無上の中の無上の喜びは永遠なる真の解脱《げだつ》（さとり）で、
永遠なる真実の解脱は阿弥陀《あみだ》如来《にょらい》です。
煩悩《ぼんのう》を解き迷いを脱した真実のさとりに至ってこそ、
この上願うものなし、疑うものなしの満足の仏と成る。

この和讃《わさん》は、阿弥陀仏《あみだぶつ》の西方浄土《さいほうじょうど》のはたらきを、『涅槃経《ねはんぎょう》』をもとに讃《たた》えられています。

『涅槃経』には、釈尊《しゃくそん》の晩年から入滅《にゅうめつ》前後の事績を記した『大般《だいはつ》涅槃経』と、如来《にょらい》の本質の一《いっ》切衆生《さいしゅじょう》悉有《しつう》仏性《ぶっしょう》の思想を説いた『北本涅槃経』があります。釈尊の四十五年間の最後の説法といわれています。親鸞聖人《しんらんしょうにん》は、『北本涅槃経』を阿弥陀仏が人びとにかけられた本願《ほんがん》を明らかにされた経典として重んじられ、『教行信証《きょうぎょうしんしょう》』などに多くの教説を引用されています。

この和讃は『北本涅槃経』に説く「解脱《げだつ》は無上上と名づく。無上上はすなわち真解脱なり。真解脱は、すなわちこれ如来なり」の経文を詠まれたものです。

無上上とは、この上の無い中でもまだ上の無いことで、最高級に優れていることをあらわし、それは永遠に変わらないさとりの真解脱であると示し、その真実の解脱を完成されたのが阿弥陀如来《にょらい》であると、涅槃浄土のはたらきを讃えられています。

解脱とは、人間を束縛する煩悩《ぼんのう》を解き、迷いを脱した安らかな心境のことで、さとりの涅槃をあらわす言葉です。「解脱の光輪《こうりん》」と『浄土和讃』にあるように、阿弥陀仏の解脱の智慧《ちえ》が私たちの現実を常に照らし、解脱の智慧の車輪が私たちの苦悩を打ち砕くはたらきをしています。

ある人が、法座《ほうざ》の席で、「「悩みごとがあり友達に誘われてある宗教の集まりに何回か行きました。どうすればよいという話はなく、ただ神を信仰すればよいという話でした。疑問をもって行かなくなりました」と住職さんに話した時、「あなたは娘の頃から聴聞《ちょうもん》していた浄土真宗《しんしゅう》の教えを結局は疑っていたことになりますね」といわれ、そうだと気づいた時は愕然としました」と、解脱の光輪にわが迷いが砕かれた気持ちを述懐されていました。

この和讃の「真解脱にいたりてぞ」の「ぞ」は強調の意味ですので、真の解脱の浄土にさとりの身と生まれたからこそ無愛無疑のさとりの身となると説かれました。親鸞聖人は、無愛を「欲の心なし」、無疑を「疑う心なし」と注釈されています。

6

平等心をうるときを
一子地《いっしじ》となづけたり
一子地《いっしじ》は仏性《ぶっしょう》なり
安養にいたりてさとるべし

さとりの平等心を得た時、すべての人をひとり子として愛する菩薩《ぼさつ》の境地を「一子地《いっしじ》」と名付ける。菩薩の一子地は仏と成る特性である。よって、安らかな養いをうける浄土《じょうど》でさとりの仏と成るのです。

この和讃《わさん》も、『涅槃経《ねはんぎょう》』をもとに浄土《じょうど》のはたらきが讃《たた》えられています。さとりを求めて念仏道《ねんぶつどう》を歩む菩薩《ぼさつ》が、信心《しんじん》によって差別のない平等心のさとりを得た時、すべての人びとをわがひとり子のように愛する菩薩の境地を「一子地《いっしじ》」と呼ぶと、述べられています。一子地という境地に立つのですから、すべての人びとを同じように愛することができる心をいいます。この心を慈悲心《じひしん》ともいいます。ただ、この一子地の心境は、信心の人が浄土に往《ゆ》き生まれてさとる喜びであります。しかし現在には、信心によって仏・菩薩の一子地の慈悲心の香りにつつまれお育てを受けている喜びもあります。

慈悲心の香りを受けた深い愛情とは、子どもをつつみ切ることです。つつみ切るためには親に心の深さ・広さが求められます。愛のない叱りはいじめになり、叱りのない愛は溺愛になります。

「かつお」と題された中一男子生徒の詩が目にとまりました。

「今朝学校に来がけに／ちょっとしたことから母と言い合いをした／ぼくは／どうにでもなれと思って／母をぼろくそに言い負かしてやった／母は困っていた／そしたら学校で昼になって／母のいれてくれた弁当の蓋を開けたら／ぼくの好きなかつおがパラパラとふってあった／おいしそうにおっていた／それをみたらぼくは／けさのことを思い出されて後悔した／母は今ごろさびしい心で／昼ご飯を食べているだろうかと思うと／すまない心が／ぐいぐいこみあげてきた」（東井義雄著『母のいのち子のいのち』探究社）。子どものすまない心をこみ上げさせたのが、ぼろくそにいわれながらも子の好きなかつおをパラパラとふった母のつつみ切る愛情です。

菩薩の一子地の深い愛情は、さとりの仏と成る種であると示され、やがて阿弥陀仏《あみだぶつ》の心安らぎ身養われる安養《あんにょう》浄土に至って必ずさとるであろうと、和讃は説いています。

浄土真宗《しんしゅう》では、煩悩《ぼんのう》は臨終《りんじゅう》まで消えることがないので自力《じりき》で仏と成るのは不可能ではあるが、聞いてとどいた阿弥陀仏のさとりの言葉が信心となって仏と成ると、信心仏性《ぶっしょう》を説いています。

7

如来《にょらい》すなわち涅槃《ねはん》なり
涅槃《ねはん》を仏性《ぶっしょう》となづけたり
凡地《ぼんじ》にしてはさとられず
安養にいたりて証すべし

阿弥陀如来《あみだにょらい》のさとりの世界を涅槃《ねはん》という。
この涅槃を仏性《ぶっしょう》（仏と成る特性）と名付けている。
煩悩《ぼんのう》の凡夫《ぼんぶ》の境地ではさとることはできず、
安養浄土《あんにょうじょうど》に至って初めて証《さとり》を得るのです。

この和讃《わさん》も、『涅槃経《ねはんぎょう》』をもとに詠まれており、「如来は即ちこれ涅槃なり、涅槃は即ちこれ無尽なり、無尽は即ちこれ仏性《ぶっしょう》なり」と説かれている仏説を和讃されました。

しかし親鸞聖人《しんらんしょうにん》はこの『涅槃経』の経言を、これは安養浄土《あんにょうじょうど》に往《ゆ》き生まれてさとることで、私たちの凡地《ぼんじ》は今世でさとることはとてもできないと述べられています。親鸞聖人は凡地を「凡《ぼん》夫《ぶ》の居所」と注釈されています。

凡夫とは、聖者に対する言葉で普通の人の意味です。異生《いしょう》ともいい、一人ひとりが異なった価値観、見解をもとに異なった行いで異なった結果をもち、それぞれ異なった世界に生きる人のことをいいます。親鸞聖人は「正しい道理に暗い煩悩《ぼんのう》が、凡夫の身をつくり出している。だから欲も多く、怒り・腹立ち・そねみ・ねたみの心が絶え間なくおこり、臨終《りんじゅう》の一息に至るまで止まることなく消えることなく絶えることがない」(『一念多念文意《いちねんたねんもんい》』取意)と告白されています。

なぜそうなるのかといえば、凡夫の身を置く場所が煩悩であるからです。煩悩がわが身をつくり出しているのですから、怒るより前に顔の相《そう》がさっと変わったり、いってしまってからしまったと気づいたりと煩悩に振り回された人生になります。どれだけ学問を積んでも、地位財産を得ても、煩悩むき出しの生活かそれとも煩悩に気づいた生活かの違いはあっても、「煩悩を具足する凡夫」の私には何ら変わりはありません。これを凡夫の居所「凡地」といわれました。

そしてこの凡地に立つ人生を歩む者がそのまま涅槃浄土のさとりを開くことは、到底できないと示されました。

親鸞聖人は『唯信鈔文意《ゆいしんしょうもんい》』に「信心は、まことの浄土のたねとなり、みとなる」と信心《しんじん》仏性を教示されています。これは阿弥陀仏《あみだぶつ》のさとりの言葉を聞く信心が、凡夫が「安養(浄土)にいたりて証すべし」といわれたただ一つの道であると、真宗《しんしゅう》信心の肝要を、釈尊《しゃくそん》最後の説法の『涅槃経』をもとに述べられた和讃であります。

8

信心よろこぶそのひとを
如来《にょらい》とひとしとときたまう
大信心は仏性《ぶっしょう》なり
仏性《ぶっしょう》すなわち如来《にょらい》なり

如来《にょらい》よりたまわりたる信心《しんじん》を喜ぶ人を、如来と等しい、と説かれている。なぜならば、さとりの言葉を聞く大信心《だいしんじん》は仏と成る特性だからです。私にとどいたさとりの言葉はそのまま如来であります。

この和讃《わさん》は、『大方広仏華厳経《だいほうこうぶつけごんきょう》』(『華厳経』)をもとに詠まれました。『華厳経』は、釈尊《しゃくそん》がさとりを開かれた直後に、さとりの内容をそのまま菩薩《ぼさつ》たちに説かれた仏教根本の経典です。親鸞聖人《しんらんしょうにん》は、阿弥陀仏《あみだぶつ》が人びとにかけられた本願《ほんがん》を明らかにされた経典として、『教行信証《きょうぎょうしんしょう》』に多くの経文を引用されています。

その『華厳経』に、「この法を聞き歓喜《かんぎ》信心《しんじん》して、疑い無き者は速やかに無上道《むじょうどう》(さとり)を成し、諸の如来《にょらい》と等し」と説かれている仏説にもとづいて和讃されました。

親鸞聖人は、阿弥陀仏の永遠に変わらないさとりの言葉を聞く「まことの信心を得た人は、すでに仏に成る御身とならせていただいたので、如来に等しい人と『華厳経』に説かれています」（『末燈鈔《まっとうしょう》』取意）と明らかにされました。

そして、阿弥陀仏のさとりの言葉を聞きいただく喜びを、「勝《すぐ》れた」を意味する大をつけて「大信心」といわれました。

ある法座《ほうざ》で息子さんを亡くされたお父さんが、「どうしてこんなことになったのか。亡き子が私を苦しめていたと思っていましたが、お寺で仏法を聞かせていただいて、可愛いわが子の往《い》き先すらわからなかった私の迷いが私を苦しめていたことに気づかせていただきました。仏法に遇わなかったら亡き子を一生愚痴《ぐち》まみれにしていたかもわかりません。亡き子とともに救われた思いがいたしました」と、大信心に出遇った喜びを述懐されていました。

「如来に等しい」とは阿弥陀如来の教えに生きる人のことです。阿弥陀如来からいただく喜びに出遇った人のことです。私の人生そのものが喜びにつつまれる感動です。

大信心が仏に成る種（仏性《ぶっしょう》）となり、やがて浄土《じょうど》に往《ゆ》き生まれ、「美しきほとけとなる」（蓮如上人《れんにょしょうにん》『御文《おふみ》』）人間完成の花が咲くと説かれています。

この和讃は、『華厳経』を通して信心によって受ける喜びが詠われています。

9

衆生有碍《うげ》のさとりにて
無碍《むげ》の仏智《ぶっち》をうたがえば
曾婆羅頻陀羅地獄《そうばらびんだらじごく》にて
多劫衆苦《たこうしゅく》にしずむなり

人びとが煩悩《ぼんのう》の障《さわ》りのある知識で、
障りのないさとりの智慧《ちえ》を疑うならば、
曾婆羅頻多羅《そうばらびんだら》という地下の牢獄で、
量《はか》り知れない長い年月を苦の底に沈むことになります。

この和讃《わさん》は、『安楽集《あんらくしゅう》』をもとに詠まれました。

『安楽集』とは、中国の道綽禅師《どうしゃくぜんじ》が安楽浄土《あんらくじょうど》に関する経《きょう》・論《ろん》を広く編集されたお聖教《しょうぎょう》です。ここにお聖教という聞きなれない言葉が出てきましたが、私たちがよりどころとする仏教書に経・論・釈《しゃく》があります。経は、釈尊《しゃくそん》の説かれた『仏説無量寿経《ぶっせつむりょうじゅきょう》』とか『華厳経《けごんきょう》』などの経典です。論は、インドの論家《ろんげ》の著された経の解釈書で、龍樹大士《りゅうじゅだいし》の『十住毘婆沙論《じゅうじゅうびばしゃろん》』、天親菩薩《てんじんぼさつ》の『浄土論』などです。釈は、中国・日本の祖師が経・論を注釈した書を指し、代表的な著書でいえば曇《どん》鸞大師《らんだいし》の『浄土論註』、道綽禅師の『安楽集』、善導大師《ぜんどうだいし》の『観経疏《かんぎょうしょ》』、源信僧都《げんしんそうず》の『往生要集《おうじょうようしゅう》』、法然上人《ほうねんしょうにん》の『選択本願念仏集《せんじゃくほんがんねんぶつしゅう》』をいいます。聖教といった時はこれら全部を指しています。

この和讃では、道綽禅師の『安楽集』に「どうして限りある（人間の）知識で阿弥陀仏《あみだぶつ》のさとりの智慧《ちえ》を疑うのか」（取意）と教示されたのを、「衆生有碍《うげ》のさとりにて」「無碍《むげ》の仏智《ぶっち》をうたがえば」と和讃されました。

ここにいわれる有碍のさとりは、人間の自分を中心にした知識のことです。

先日近くの商店街のアーケードを歩いていると、前を行く三人の人が大きな声で「今日降るとは思わなかったな」「そうや何も今日降らんでもきのう降っとけばいいのに」「ほんとや、嫌な雨やなあ」とぼやいていました。私は後ろで聞きながら、この人たちの雨観の基準はどこにあるのかなと気になりました。ひょっとしたらこの基準は、条件が変われば「いい雨や」と真っ逆さまになるのかも知れないなと、こちらの方がやきもきしました。

確かに、私たちの人生は自分を中心にしますから、想定外だった、そうは見えなかった等々、嘆きがいっぱいです。見えないのに、力がないのに、自分の思い込みで阿弥陀仏の煩悩《ぼんのう》にさえぎられることのない無碍の仏智を疑うのですから、その悲しみは無間地獄《むげんじごく》に堕ちるほど大きいと示されて、「諸経意《しょきょうのこころ》」和讃九首を結ばれました。

1

阿弥陀《あみだ》如来《にょらい》来化《らいけ》して
息災延命《そくさいえんめい》のためにとて
金光明《こんこうみょう》の寿量品《じゅりょうほん》
ときおきたまえるみのりなり

阿弥陀如来《あみだにょらい》がこの世に来て人びとを教え導くのは、災いを息《や》め命を延ばすためであるというのが、天台宗で阿弥陀仏の直説《じきせつ》といわれている『金光明経《こんこうみょうきょう》』「寿量品《じゅりょうぼん》」に説かれているみ教えであります。

これより味読《みどく》する十五首は、親鸞聖人《しんらんしょうにん》が「現世利益和讃《げんぜりやくわさん》」と題して、主に釈尊《しゃくそん》の説かれた『金《こん》光明経《こうみょうきょう》』をもとに詠まれた和讃です。

第一首目のこの和讃は、信心《しんじん》の人が現生《げんしょう》に受ける利益（喜び）の息災延命《そくさいえんめい》について詠まれました。真宗《しんしゅう》門徒《もんと》がめったに触れることのない『金光明経』は、釈尊がすべての人びとをつつみ浄土《じょうど》へ導く教えの大乗《だいじょう》経典の一つであります。

この『金光明経』の一部「寿量品《じゅりょうほん》」を、比叡山天台宗では阿弥陀如来《あみだにょらい》が説かれたと伝えられているところから詠まれた和讃であります。

ここに述べられる、仏・菩薩《ぼさつ》に祈禱《きとう》して災害を消滅させるといういわゆる息災の「祈り」は、浄土真宗では説いていません。あくまで浄土真宗の教えでは、人力がもたらす戦争や科学などによる災害を最大限に防ぎ無くす努力をし、その上での人力を超えた自然の災害は与えられたご縁と心を開いて事実を受け止めていくことを、信心の力としています。

また、一般にいわれている無病息災の無病はあくまで科学や医学でのことであって、仏教の無病は、病は災いと決め込んでいる心を無くし、病気も与えられた生き方の一つの道として深い心で受け止めていくことを求めた息災であります。

また「延命」は、平均寿命が延びたとか、あと何年は生きたいという寿命延長ではなく、その思いをつつみ込んで命を無限に延ばす延命であります。それは、念仏《ねんぶつ》は浄土から私にとどいた阿弥陀仏である限り必ずや念仏を称《とな》えて浄土に往《ゆ》き生まれるという、この世もあの世も貫いた無量寿《むりょうじゅ》の世界に生きることです。これは信心によってもたらされる延命です。

これからの和讃で述べられる「現世利益」とは、信心の人が現生この世で仏・菩薩・諸仏に護られて受ける利益（喜び）のことで、さらに信心の人には浄土に往き生まれる勝《すぐ》れた利益（喜び）を未来に受けるという、二つの利益（喜び）のあることを讃《たた》えられた言葉であります。

2

山家《さんげ》の伝教大師《でんぎょうだいし》は
国土人民《にんみん》をあわれみて
七難消滅《しょうめつ》の誦文《じゅもん》には
南無阿弥陀仏《なむあみだぶつ》をとなうべし

比叡山延暦寺を開いた伝教大師《でんきょうだいし》・最澄《さいちょう》は、嵯峨天皇から「国土と人民《にんみん》を憐れんで、天災等の七つの難儀の消滅はどうすれば」と問われて、南無阿弥陀仏《なむあみだぶつ》を誦《そら》んじて称《とな》えなさい、といわれました。

この和讃《わさん》も、信心《しんじん》の人が現生《げんしょう》に受ける、『金光明経《こんこうみょうきょう》』による七難消滅の利益《りやく》（喜び）について述べられています。

七難とは天災・地変・疾病などの災難のことですが、この和讃では、平安前期に比叡山の伝教《でんきょう》大師《だいし》・最澄師《さいちょうし》へ、嵯峨天皇が天災地変に苦しむ人びとを憐れみ、どうすればよいかと質問されたのに対して、最澄師は災難消滅のためには南無阿弥陀仏《なむあみだぶつ》を称《とな》えなさいと伝えたと述べています。

これは、一見念仏《ねんぶつ》を称えたら天災地変や疾病が消えてなくなるといっているように思えますが、念仏を呪文のように称えることを勧めたのではありません。天災地変や病気といった七難に出会った時、それをどう受け止めたら苦しみを消滅できるのかという質問に、それには南無阿弥陀仏を誦文《じゅもん》とせよ、と答えられたのです。この時の「誦」とはそらんじて読むことで、「南無阿弥陀仏」と常日ごろから親しみ称えることを勧められた言葉です。

現代でも起こる天災地変の災難に対して、諦める人、離れる人、助け合う人、力を振り絞る人とさまざまな受け止め方がありますので、一つの方程式でおさまるものではありません。

しかし念仏に親しむ人は、例えば災害で亡くした人を、いつまでも気の毒な可哀想な人としか見ることができない寂しさ、また亡き人を最もつらい災害場所に閉じ込めている悲しさに気づくことができます。そして、死は煩悩《ぼんのう》を離れさとりの浄土《じょうど》の菩薩《ぼさつ》と成って私たちに仏教を伝えてくださる尊いご縁と、お内仏《ないぶつ》の前で亡き人と安らかに出遇っていく喜びを受けることができます。

さらに念仏に親しむ人は、阿弥陀仏が「今、私の心にとどく仏」である念仏として、私の中で私とともに歩んでくださる安らかな賑やかさをいただきます。災害のつらさ・情けなさの中だからこそ一段と喜ばせていただくことができましたと、深まる喜びに出会うことができます。

このように、伝教大師は「南無阿弥陀仏をとなうべし」と答えることによって、多くの人に念仏のはたらきを伝えて帰依《きえ》信心を勧められたと、古来よりいわれています。

3

一切の功徳にすぐれたる
南無阿弥陀仏《なむあみだぶつ》をとなうれば
三世《さんぜ》の重障《じゅうしょう》みなながら
かならず転じて軽微《きょうみ》なり

一切の勝《すぐ》れたはたらきである功徳《くどく》よりなお勝れた
南無阿弥陀仏《なむあみだぶつ》を称《とな》えたならば、
過去・未来・現在の三世《せんぜ》に重ねた障《さわ》りがみな、
必ず転じて軽く小さくなります。

この和讃《わさん》は、一切の功徳《くどく》に勝《すぐ》れている南無阿弥陀仏《なむあみだぶつ》を称《とな》えることで、現生《げんしょう》に受ける利益《りやく》（喜び）が、重い障《さわ》りを転じて軽くなることが述べられています。

功徳を親鸞聖人《しんらんしょうにん》は、「真実功徳《しんじつくどく》ともうすは、名号《みょうごう》なり」（『一念多念文意《いちねんたねんもんい》』）と示されました。名号とは南無阿弥陀仏の念仏《ねんぶつ》を指しています。

念仏が勝れているのは、旅行の人も家に居る人も健康な人も病臥《びょうが》の人も、すべての人が平等にさとりの教えを受け喜ぶことができるからです。しかし、なぜすべての人にとどかねばならないのかというと、人は生まれながらの障りを背負うているからです。障りとは、正しいものに接するのに障害になるもので、人間のもつ煩悩《ぼんのう》を指しています。

門徒《もんと》宅へお参りに行きました。「情けないことです」という元気のない老婦人からその言葉の顚末を聞くと、朝テレビを見ていたら孫が肩を叩きながら「おばあちゃん、長生きしいや」といったのが嬉しくて、本を買ってやりました。孫が選んだのは怪獣の本で、「読んでくれ」というので読んだのですが、怪獣の名前が難しくて間違えると、孫に「おばあちゃん、アホやなあ」「こんな字知らんの」とぼろくそにいわれて、「情けないことです」と嘆いていたのです。

阿弥陀仏はこの人に、孫の言葉で、「喜・怒・哀・楽の感情がポンポンと飛び出す煩悩ラッシュはあなたの中にその種が全部揃うていたからで、しかも七十歳になっても品切れなし卒業なしです。それを煩悩具足というのです」と教えられています。背負うて生まれてきて、一生涯重ねていく障りの深さです。私が、「その意味で今日は孫の言葉で、七十年間あなたを動かしていた煩悩具足の心に出会えたのは尊いご縁でしたよ」と語りかけると、老婦人の表情も安らかになっていきました。

この、自分の中で自分を動かしていた心に気づく喜びは、三世《さんぜ》の迷いの人を救うほどの大きな大切な喜びであると仏さまは讃《たた》えられています。念仏者が受ける信心《しんじん》の利益（喜び）であります。

4

南無阿弥陀仏《なむあみだぶつ》をとなうれば
この世の利益《りやく》きわもなし
流転輪回《るてんりんね》のつみきえて
定業中夭《じょうごうちゅうよう》のぞこりぬ

南無阿弥陀仏《なむあみだぶつ》を称《とな》える信心《しんじん》の人は、
この世でうける利益《りやく》（喜び）に極まりがない。
迷いの中に迷いを重ねる流転輪回《りんね》が消えて、
迷いの行為の定業《じょうごう》・小さな生き方の中夭《ちゅうよう》が除かれます。

信心《しんじん》の人が現世に受ける利益《りやく》（喜び）で、流転輪回《りんね》の苦を離れることについて詠われた和讃《わさん》です。ここに述べられる「流転輪回」を、よい行いをすれば次の生で優れた人間や天人に生まれかわる、悪い行いをすれば哀れな人や畜生に生まれかわる、と特にインドなどでいわれている輪回思想を思い浮かべますが、輪回はインド語の訳し方によって幅広い意味をもつ言葉であります。

今ここにいわれる流転も輪回も同じ意味ですが、車輪のように始終のない六道《ろくどう》の迷いを果てしなく繰り返し回り続ける精神作用のことをいいます。

私たちの生活の目標を一口でいえば、幸せであります。その幸せを百パーセント見失ってしまう心を「地獄《じごく》」といいます。地獄の風景は、すべて落ち着く場所のないことをあらわしています。激怒・忿怒は居場所を失うので地獄の入り口です。また幸せは分かち合い譲り合うところに喜びがありますが、それを独り占めし、他をかえりみない我欲を「餓鬼《がき》」といいます。そして幸せを求めながら自ら作れないで幸せの傍らでしか生きられない「畜生《ちくしょう》」。幸せを手にするために争わねばならない荒んだ心の「修羅《しゅら》」。幸せを考えどんどん作ることができますが、その中に不幸になるさまざまな問題が必ずひそんでいるので苦悩する「人間《にんげん》」。「天上《てんじょう》」はひと時の幸せに我を忘れて陶酔して本当の幸せを見失う心です。この六道を円で描くと天上の隣が地獄になり人間の隣が修羅になります。一瞬にして変化する不安定な心を、私たちはかかえているのです。

流れ転がり車輪の回るごとき心のあり方を、六道を超えたさとりを示す七つ目の世界から教えています。「七」は、満つるをあらわしさとりの浄土《じょうど》を示しています。

流転することのない正しい道理に立つ仏教に出会って、わが心の立つ場所が教えられます。そして流転輪回の迷いは生まれながらに繰り返さねばならない定業《じょうごう》ではありますが、深い迷いに気づいて安らぎを受けることを、この和讃は説いています。

ここにいわれる「中夭《ちゅうよう》」とは流転輪回に縛られた狭い小さい生き方を教えています。

5

南無阿弥陀仏《なむあみだぶつ》をとなうれば
梵王帝釈《ぼんのうたいしゃく》 帰敬《ききょう》す
諸天善神《ぜんじん》ことごとく
よるひるつねにまもるなり

南無阿弥陀仏《なむあみだぶつ》を称《とな》える信心《しんじん》の人を、
天界の梵天王《ぼんてんのう》・帝釈天《たいしゃくてん》が敬い尊んでいる。
諸々の天人も善神《ぜんじん》もみなことごとく、
夜昼常に護っています。

古代インドの二人の神さまが、念仏者《ねんぶつしゃ》が現生《げんしょう》に受ける利益《りやく》（喜び）を護るために、登場されます。神さまの名は古代インドで宇宙を創造した最高の神といわれた「梵王《ぼんのう》」で「大梵天王《だんぼんてんのう》」とも呼ばれ、欲を離れた清らかな心をもつ神です。もう一人は神々の帝王といわれる「帝釈天《たいしゃくてん》」で「釈《しゃく》提桓因《だいかんいん》」とも呼ばれ、四天王を臣下にもち、人民《にんみん》の善行《ぜんぎょう》を喜び悪行をこらしめる神です。この二人は、古代インドの神々の中でも最も敬われて、武勇神とも呼ばれました。

この二神は「釈《しゃく》・梵《ぼん》」とも呼ばれて仏教を護る善神《ぜんじん》として経典に名前が出てきます。例えば

『仏説無量寿経《ぶっせつむりょうじゅきょう》』では、釈尊《しゃくそん》が誕生されて、「吾当《われまさ》に世において無上尊《むじょうそん》となるべし」と声をあげられた時、釈梵が天から降りてお仕えしたと説き、また釈尊が菩提樹下《ぼだいじゅ》でさとりを開かれて、その教えを説くことをためらわれた時、釈梵が天から下って人びとのために説法することを請い願ったと伝えています。さらに『仏説阿弥陀経《ぶっせつあみだきょう》』を説かれた座に「釈提桓因」（帝釈天）が名を連ねています。

こうした二神のはたらきを讃えて親鸞聖人《しんらんしょうにん》は、「梵王帝釈《ぼんのうたいしゃく》（仏教に）帰敬す《ききょう》」と詠われました。

ここに釈・梵二神が「帰敬す」と述べられたことは、ただ守護することを讃《たた》えるのではなく釈梵自身の信仰をあらわしています。釈梵が経典に登場するのは釈尊誕生と初説法の時ですが、これは釈尊の出世と説法によって釈梵二神が救われたことをあらわしていると思います。梵王は欲を離れた清らかな心をもつ神、帝釈は人びとの善行を喜び悪行をこらしめる神と、極めて人として踏み行う道である道徳精神をあらわしていますが、結局は自分の心を知り世の正しい道理に覚《めざ》めた仏教の教えでなければ離欲清浄《りよくしょうじょう》も勧善懲悪《かんぜんちょうあく》も成り立たないことを示していると味読《みどく》しました。

そして天界に住む善神たちが念仏者を夜昼常に護るのは、念仏の昼夜を超えたはたらきの尊さを讃えているといえます。

梵王さまも帝釈さまも諸天善神も、御同行《おんどうぎょう》・御同朋《おんどうぼう》でした。

6

南無阿弥陀仏《なむあみだぶつ》をとなうれば
四天大王もろともに
よるひるつねにまもりつつ
よろずの悪鬼《き》をちかづけず

南無阿弥陀仏《なむあみだぶつ》を称《とな》える信心《しんじん》の人を、
天界の四方を守る四天王《してんのう》がもろともに
夜昼常に護りながら、
多くの誘惑の悪鬼神《あくきじん》が近づくことを防いでいます。

信心《しんじん》の人が現生《げんしょう》に受ける利益《りやく》（喜び）で、四天王が護られることについて述べた和讃《わさん》です。

大阪市に、聖徳太子建立の名刹・四天王寺があります。和宗の本山ですが、四天王が安置されているところから四天王寺と呼ばれています。

四天王とは、足下に悪鬼を踏みつける勇ましい姿で仏教を守護する神さまとして有名ですが、前の和讃に詠まれた帝釈天《たいしゃくてん》の臣下で、護世天《ごせてん》ともいいます。

『金光明経《こんこうみょうきょう》』に説かれている天上界の王で、①東を守護し統治する国をもつ持国天王《じこくてんのう》、②南を守護し成長を促す増長《ぞうちょう》天王、③西を守護する通常ではない目をもつ広目《こうもく》天王、④北を守護し富貴財宝をつかさどる多聞《たもん》天王（毘《び》沙門天《しゃもんてん》ともいう）の四人です。

四天王が、共通して踏みつける悪鬼とは何者でしょうか。

悪は仏教で重い意味をもつ言葉の一つで、正しい道理にくらく、人間関係を損ない、苦しみをもたらす因になる乱れた心をいいます。乱れた悪の心が険しい形相を作りますが、それを悪鬼神、鬼神といいます。これは人間の心のあり方や精神を問題視しているすがたなのです。乱れた心とは、自分が歩いていると自動車が邪魔になり、自動車に乗っていると歩く人が邪魔になるように、常に私の都合に立って善悪の判決をする心のことです。この心を貪愛《とんない》といい人間の根本煩悩《ぼんのう》で、悪煩悩ともいわれています。そこに立っての意見は、もてばもつほど対立や闘争が生まれますので邪見《じゃけん》とも悪見《あくけん》ともいい、顔がだんだんと険しくなるもとです。四天王に踏みつけられている悪鬼は、自分の中の貪愛に気づかせる仏法信心を見失った者の「悪邪無《あくじゃむ》信《しん》の盛《さかり》なる」（善導《ぜんどう》『観無量《かんむりょう》寿経疏《じゅきょうしょ》』）すがたをあらわしているのです。

私の中の煩悩を悪鬼と教示する仏教を護持して、四天王は四方に立ち尽くしていたのです。諸神はあくまでも、私の心のあり方を教え説く仏教を護持する神々であります。

仏さまの教えによって踏みつけられる鬼神の居所がはっきりしたことは、尊いことであります。

7

南無阿弥陀仏《なむあみだぶつ》をとなうれば
堅牢地祇《けんろうじぎ》は尊敬《そんきょう》す
かげとかたちとのごとくにて
よるひるつねにまもるなり

南無阿弥陀仏《なむあみだぶつ》を称《とな》える信心《しんじん》の人を、
大地を堅く守る神・地祇《じぎ》も尊敬して、
影はつねに本体に添っているように、
夜昼常に護っています。

「現世利益和讃《げんぜりやくわさん》」の一から六までで、念仏者《ねんぶつしゃ》に寄り添い護る多くの神が讃《たた》えられてきました。この和讃《わさん》は、信心《しんじん》の人が現生《げんしょう》に受ける利益（喜び）で、地の神・国土の神の護法のはたらきについて語られています。

ここに述べられる「堅牢地祇《けんろうじぎ》」の堅牢は固くてゆるぎのないことで、人びとを支え人びとを育んでいる大地を、より堅固で確かなものにするために、大地をつかさどり深いところに住む神を、地祇または地神《ちじん》といわれました。

これは、大地は単なる場所ではなく、形があれば必ず影があるように、そこに繰り広げられた出来事の落とした影がそこにしかない深い意義を作っていることをあらわしています。

大阪には有名な大阪城があります。城内の一角に、蓮如上人《れんにょしょうにん》の筆跡を写した「南無阿弥陀仏《なむあみだぶつ》」の見上げるような大きな名号《みょうごう》碑が立っています。観光客が行き交う中で、真宗門徒《しんしゅうもんと》は感慨深げに合掌《がっしょう》しています。城になる前は蓮如上人が建立された石山坊舎であり、八十四年間の内四十九年間は浄土《じょうど》真宗の石山本願寺《ほんがんじ》として念仏《ねんぶつ》の中心道場となった場所です。その念仏道場を守るために、織田信長と十年間にわたって門徒の人たちが石山合戦を繰り広げた場所です。本願寺がこの地を退去して四百数十年経ちますが、現在の城壁の威容よりも、石山本願寺が影を落とすその場所に立つことで受ける感動は計り知れません。他の土地では受け得ない感動です。

深い法悦の場として身を動かせ心震わせるといった「六種震動《ろくしゅしんどう》」（『仏説無量寿経《ぶっせつむりょうじゅきょう》』）が、その地から与えられる喜びではないでしょうか。

さらに念仏の教えが『仏説無量寿経』に「猶《なお》し大地のごとし」と説かれるように、大地は浄《きよ》らかな心の人も煩悩《ぼんのう》に穢《けが》れる人も、好きも悪いも、一切を異心差別なく自らの上にかかえて育んでいると示されています。大地真宗の深い教えに立つことのできた喜びを、地祇がとどけてくれました。

日本では地祇を「くにつかみ」と呼んでいます。

8

南無阿弥陀仏《なむあみだぶつ》をとなうれば
難陀跋難大龍等《なんだばつなんだいりゅうとう》
無量の龍神尊敬《りゅうじんそんきょう》し
よるひるつねにまもるなり

南無阿弥陀仏《なむあみだぶつ》を称《とな》える信心《しんじん》の人を、
水を守る神の難陀《なんだ》や跋難《ばつなん》といった大龍《だいりゅう》たちや、
量《はか》り知れない龍神が尊び敬《うやま》って、
夜昼常に護っています。

この和讃《わさん》は、信心《しんじん》の人が現生《げんしょう》に受ける利益《りやく》（喜び）で、龍神が常に讃《たた》え護っていることについて詠われています。

龍は、さとりの浄土《じょうど》の宝池《ほうち》などの水の尊さを神格化したものと考えられています。

インドでは河や池での沐浴《もくよく》は、仏道修行に欠かせない重要なものであります。しかし日本では、気候的にも仏事の際に河や池での沐浴は不可能ですので、最低限にお聖教《しょうぎょう》を読む口と教本をもつ手を清らかにと、東本願寺など寺院の境内の手水舎《てみずしゃ》の龍が口から水を出して仏法を敬い尊ぶことを教えています。

また、多くの経典にさとりの浄土の宝水《ほうすい》が説かれています。『仏説阿弥陀経《ぶっせつあみだきょう》』では、「極楽国土に七宝《しっぽう》の池あり。八功徳水《はっくどくすい》その中に充満せり」と説かれています。八つの功徳の水とは、念仏《ねんぶつ》のはたらきのことでその八つとは、①澄浄《ちょうじょう》（煩悩《ぼんのう》のけがれのない）、②清冷《しょうりょう》（煩悩の騒ぎのない）、③甘味《かんみ》（深い味わい）、④軽軟《きょうなん》（軽柔な動き）、⑤潤沢《じゅんたく》（潤いと輝き）、⑥安和《あんわ》（平和）、⑦除饑渇《じょきかつ》（飢えと渇きのない）、⑧長養諸根《じょうようしょこん》（無量寿《むりょうじゅ》に生きる）ことです。

こうした宝水（念仏）のはたらきを、蓮如上人《れんにょしょうにん》は『蓮如上人御一代記聞書《ごいちだいききがき》』で、「水、よく石をうがつ」として、私たちの煩悩に閉ざされた心に打っては返して信心の穴を開けてしみ込むことを示されました。また「水は方円の器に随《したが》う」といわれるように、どのような形にもいっぱいに満ちる水でもって、念仏はすべての人びとにとどきはたらくことを述べられています。

浄土真宗《しんしゅう》では、寺院のお内陣《ないじん》、家庭のお内仏《ないぶつ》でこの浄土の宝水のはたらきを、華瓶《けびょう》のお備《そな》えであらわしています。そして亡き人はこの浄土に生まれられたことを讃えて、地獄《じごく》・餓鬼《がき》に堕ちた人のように水や茶のお供《そな》えはいたしません。

彫刻や絵画・仏具をはじめ言葉としてあらわれる水をつかさどる無数の龍神が、水のはたらきをもって、仏法を尊敬し夜昼常に念仏者を護っていることを讃えられた和讃であります。

9

南無阿弥陀仏《なむあみだぶつ》をとなうれば
炎魔法王尊敬《えんまほうおうそんきょう》す
五道《ごどう》の冥官《みょうかん》みなともに
よるひるつねにまもるなり

南無阿弥陀仏《なむあみだぶつ》を称《とな》える信心《しんじん》の人を、
炎魔法王《えんまほうおう》も尊び敬い、
地獄《じごく》・餓鬼《がき》・畜生《ちくしょう》・人《にん》・天《てん》の五道《ごどう》の冥官《みょうかん》皆ともに、
夜昼常に護っています。

地獄《じごく》の炎魔《えんま》さんが、信心《しんじん》の人が現生《げんしょう》に受ける利益《りやく》（喜び）を護るために登場する、ちょっと驚きの和讃《わさん》です。

炎魔さんは、死者の世界の第一発見者で古代インドの神話の神です。仏教にも取り入れられて、伝わった中国で道教信仰が加わって、あの目がらんらんと輝き大鼻の赤ら顔に黒い冠、真っ赤な衣服の炎魔スタイルになったようです。

炎魔さんは、地獄《じごく》の炎魔庁で人間一人ひとりの生前の行いの罪状が記録された炎魔帳を手に、地獄を統治する法王です。この炎魔さんのもと、人間の餓鬼《がき》・畜生《ちくしょう》・修羅《しゅら》・人間《にんげん》・天上《てんじょう》の迷いを担当する「五道《ごどう》の冥《めい》（途《ど》の警察）官《かん》」と刑執行の獄卒《ごくそつ》で構成されています。

それにしてもなぜ炎魔法王は念仏《ねんぶつ》を「尊敬す」るのでしょうか。浄土《じょうど》には、生まれるといいます。「生まれる」とは自分の力、はからいを超えたことで仏さまのはたらきをあらわしています。それに対して地獄には、堕ちるといいます。ちょっと油断をしたらストンと真っ逆さまに堕ちる所を歩いているからです。激怒は地獄の入り口、貪欲《とんよく》は餓鬼への入り口、薄い喜びをただ待つのは畜生への入り口、闘争を好む者は修羅に堕ち、手にした喜びに問題のひそむ人間・天上と、危険信号をかかえながら気づかずに流転する私たちの迷いです。地獄はその一生の迷いに気づけと存在しているのです。だから炎魔さんは生前の罪状記録の炎魔帳を持っているのです。ということは「迷いに気づけ」は炎魔さんの願いでもあります。

この五道の迷いを照らし出して「迷いに気づけ」と説かれる阿弥陀仏《あみだぶつ》の教えを聞き、信心が定まった時はおさめとって捨てないという仏さまの誓いの中なのです。ですから地獄に堕ちることはあり得ないのです。

この阿弥陀仏の念仏の教えは、まさに炎魔さんの目的達成の大きな助っ人なのです。だから、炎魔・五官は南無阿弥陀仏を「尊び敬っている」といわれるのです。

10

南無阿弥陀仏《なむあみだぶつ》をとなうれば
他化天《たけてん》の大魔王《だいまおう》
釈迦牟尼仏《しゃかむに》のみまえにて
まもらんとこそちかいしか

南無阿弥陀仏《なむあみだぶつ》を称《とな》える信心《しんじん》の人を、
ひと時の輝きで惑わせる他化天《たけてん》の主・大魔王《だいまおう》も、
釈迦牟尼仏《しゃかむにぶつ》の御前で
お護りする、と誓っています。

この和讃《わさん》では、信心《しんじん》の人が現生《げんしょう》で受ける利益《りやく》（喜び）を護る大魔王《だいまおう》が登場します。

大魔王とはどんな人物（?）なのでしょうか。

大魔王は、人の生命を奪い、善《よ》い行いを妨げ、悪道《あくどう》に誘う欲界《よくかい》の悪魔たちの王です。ところがこの大魔王は空想の存在ではなく実際に居るのです。大魔王の大も王も、魔を強調する文字です。魔は古代インドの梵語《ぼんご》でマーラといい、奪命《だつみょう》（豊かな人生を奪う）とか障碍《しょうげ》（信心の妨げ）と訳されています。

実は、人間の身を煩わせ心を悩ます煩悩《ぼんのう》のことです。私の中で私を動かしている心に気づかせてくれる仏教を聞いて、豊かな人生を歩みたいと思う私たちの邪魔をする、テレビや友達などの「外魔《げま》」。難しいことを考えずに笑って食べてそれでいいじゃないのと、自己の内から誘惑する「内魔《ないま》」といったさまざまな悪魔・煩悩が、私の内外にいます。正しい信心の生活を奪い、正しい道理を説く仏法を聞く障碍となる煩悩を、魔といいます。

世間で「魔がさす」といいますが、心に悪魔が入り込んだのではなく、私の中の煩悩の欲魔がふと頭をもたげたことをいいます。この欲界の最上階にある、他人の楽しみを奪って我がもの顔に自在にしている他化自在天《たけじざいてん》の住人が、大魔王です。

この煩悩の欲界とさとりの仏界は、対立するものでも否定し合うものでもありません。むしろ煩悩の身があればこそ仏教が生まれたのですから、煩悩また尊しです。そして、さとりの教えを受ける器は煩悩の身しかないのです。煩悩を賛美するのではありませんが、煩悩の身を照らし出し、煩悩の身の大きな意義を明らかにされた釈尊《しゃくそん》の教えだからこそ、煩悩を象徴する大魔王が南《な》無阿弥陀仏《むあみだぶつ》の念仏《ねんぶつ》を称《とな》える人を護ると誓ったのです。

真宗《しんしゅう》では、さとり仏心《ぶっしん》と煩悩の凡心《ぼんしん》が一つとなって、信心の生活が生まれると説いています。

私たちの周りにも、煩悩がそのまま仏道であることを証明された念仏者が多くおられます。

11

天神地祇《てんじんじぎ》はことごとく
善鬼神《ぜんきじん》となづけたり
これらの善神《ぜんじん》みなともに
念仏のひとをまもるなり

天をつかさどる神、地をつかさどる神は揃って、
善鬼神《ぜんきじん》と名付けられる。
これらの善神《ぜんじん》が皆ともに、
念仏《ねんぶつ》の人を護っています。

この和讃《わさん》を通して、念仏《ねんぶつ》の人を護るといわれる「神」について考えてみたいと思います。私たちの生活の身近に存在する「神」にどう向き合っていくのかは、親鸞聖人《しんらんしょうにん》の時代からの真《しん》宗門徒《しゅうもんと》の大きな課題でありました。

親鸞聖人の教えをいただいてまずいえることは、「神は拝《おが》まない」ことです。

この「神は拝まない」ことは、神を否定・排除することではありません。神を拝む心を問うているのです。神を拝むことはおうおうにして福を求めて災いをはらう願いごとをすることですが、

これは人間の欲望や迷いの延長線上に神を置くことになり、浄土真宗の信心《しんじん》からいえば「これらはひとえに自力《じりき》をたのむものなり」（『一念多念文意《いちねんたねんもんい》』）と教えられています。

次に、「神を捨てない」ことです。

親鸞聖人は、「よろずの神をあなどり捨てるということはゆめゆめあってはならない」（『御消息集《ごしょうそくしゅう》』取意）と示されました。なぜならば、神は神の立場で仏教を守護しているからです。

こんな話が『御伝鈔《ごでんしょう》』に記されています。

関東で親鸞聖人の念仏の教えを深く信じていた平太郎《へいたろう》が、領主の依頼で公の務めとして紀州熊野へ参詣《さんけい》することになりました。平太郎はわざわざ京都に出向いて、親鸞聖人に「専《もっぱ》らにふたごころなく念仏の教えを聞く者が熊野へ参詣するのはどうでしょうか」と尋ねました。これに対して親鸞聖人は、「本宮の熊野権現《ごんげん》は阿弥陀如来《あみだにょらい》が多くの人びとに縁を結び念仏を勧めようと仮に神になったのである（本地垂迹《ほんじすいじゃく》説という。仏から仮に神となること）。しかも平太郎自身の信仰のためではなく公務として参詣するのだからいいのではないか。ただしわが身は煩悩《ぼんのう》の身であることをよくわきまえて、阿弥陀仏がかけられた本願《ほんがん》のお心に任せてうわべだけの賢善精進《けんぜんしょうじん》などはすべきでない。ただ念仏を申しなさい」と告げられました。

神は拝まない、捨てないの心がよく示されています。

12

願力《がんりき》不思議の信心は
大菩提《ぼだい》心なりければ
天地にみてる悪鬼神《あくきじん》
みなことごとくおそるなり

阿弥陀仏《あみだぶつ》の願力《がんりき》の思議を超えた教えからいただく信心《しんじん》は、
菩提《ぼだい》（さとり）の智慧《ちえ》を求めて歩む大道であるから、
天地に満ちて堕落に誘う悪鬼神《あくきじん》は、
皆ことごとく他力《たりき》信心の人を恐れています。

信心《しんじん》の人が受ける利益《りやく》（喜び）として悪鬼神《あくきじん》が恐れることについて述べられた和讃《わさん》です。

ここに述べられる「大菩提《ぼだい》心」とは、菩提は古代インドの梵語《ぼんご》ボーディを漢字に写した言葉で、道、覚と訳し、仏のさとりの智慧《ちえ》のことです。さとりの智慧を求める道で誘惑や脅迫で立ちふさがる心の動きを、ここで悪鬼神と表現されました。悪鬼神とは乱れた心で内から私を苦しめる精神、つまり煩悩《ぼんのう》のことです。

さとりのブッダとなった釈尊《しゃくそん》が経験された出来事の一つに、悪魔を降すシーンがあります。

ブッダガヤのピッパラ樹（のちの菩提樹）下で、人間の苦はどうして起こるのかを求めて瞑想に入られてしばらくして、釈尊は激しい誘惑に悩まされました。時には武器を手に迫ってくる大軍は、争う心を捨てるさとりの心境は自分たちの居場所がなくなることへの脅迫です。時には華やかで美しい美女の群れが捨てきれないセックスの悩みを誘い、時には天地崩壊の激しい振動が今までの皇太子の地位、妻子の家庭生活の一切を捨てる悩みとして迫ってきました。

しかし、釈尊はついに自分の心の隅々まで明るく正しく知り尽くすさとりの智慧によって、苦の根源は正しい道理のわからない無明心《むみょうしん》にあったとめざめました。と同時に、悪魔の姿は消えました。正しい道理のさとりには、悪魔の入る余地がありません。悪魔の居場所がなくなります。だから悪魔は、釈尊の邪魔をしたのです。

ある人が、そのさとりの智慧の教えを聞く信心の人に、「毎月欠かさず熱心ですね、私などはどうも忙しくて」と問うと、「私は月一回だからこそ、聞かせていただくことを主にして、他用はすべて断ったり動かしたりとわがままをしています」といわれました。大菩提心より受ける智慧の信心には、誘惑の入る隙がありません。まさに私を取り囲む天地に満てる悪鬼神、みなことごとく信心の人を恐るなりです。

これで梵天《ぼんてん》・帝釈《ていしゃく》と始まった冥衆《みょうしゅ》（目に見えない者）の念仏者《ねんぶつしゃ》を護る和讃を締めくくられました。

13

南無阿弥陀仏《なむあみだぶつ》をとなうれば
観音勢至《せいし》はもろともに
恒沙塵数《ごうじゃじんじゅ》の菩薩《ぼさつ》と
かげのごとくに身にそえり

南無阿弥陀仏《なむあみだぶつ》を称《とな》える信心《しんじん》の人を、
慈悲《じひ》の観音菩薩《かんのんぼさつ》も、智慧《ちえ》の勢至《せいし》菩薩ももろともに、
ガンジス河の砂の数ほどの菩薩と、
影のように念仏者《ねんぶつしゃ》の身に添って護っています。

この和讃《わさん》は、信心《しんじん》の人が現生《げんしょう》に受ける、観音勢至《かんのんせいし》が身に添うという利益《りやく》（喜び）が述べられています。

世間でいわれる三十三所霊場巡りの観音信仰は浄土真宗《じょうどしんしゅう》の信心ではありません。観音霊場の三十三か所は『法華経《ほけきょう》』に観音菩薩が三十三に変身して人びとを救うと説かれているのにもとづいていますが、観音自身がどういう菩薩なのかは示されていません。それを明らかにしているのが『仏説観無量寿経《ぶっせつかんむりょうじゅきょう》』で、そこには「阿弥陀仏《あみだぶつ》を助ける」菩薩と説いています。

阿弥陀仏には、二つのはたらきがあります。一つは、無量寿《むりょうじゅ》で慈悲《じひ》のはたらきです。この慈悲心を人格化したのが観音菩薩です。二つは、無量光《むりょうこう》で智慧《ちえ》のはたらきです。この智慧心を人格化したのが勢至《せいし》菩薩です。よって観音・勢至の二菩薩は、阿弥陀仏の脇に仕えて阿弥陀仏のはたらきを助ける菩薩です。

そのために、この和讃では「観音勢至《せいし》はもろともに」と詠われました。この「もろともに」は、観音・勢至共に揃ってはたらくところに意義のあることをあらわしています。

観音で示す慈悲心は人間でいえば愛情、勢至で示す智慧心は人間でいえば知識ですが、愛情と知識は共にはたらくことが大切です。例えば、子どもを育てることは子への愛情と子のことをよく知る知識で成り立ちます。愛情のないしつけは虐待になり、知識のない愛は溺愛になり、ともに子どもをダメにしてしまいます。愛情と知識の二つが同時に揃ってはたらくことが、愛の基本であり知の基本であることを、観音・勢至がもろともに教えています。

しかし、人間の感情では観音菩薩は優しい菩薩として受け入れやすく、勢至菩薩は厳しい菩薩として受け入れ難いようです。このバランスの崩れた感情に立つと、阿弥陀仏の無量寿（観音）または無量光（勢至）の半分だけといういびつな信心となります。だから阿弥陀仏は、観音・勢至の二菩薩を外に出さないで内に秘めて立たれているのです。

14

無礙光仏《むげこう》のひかりには
無数《むしゅ》の阿弥陀《あみだ》ましまして
化仏《けぶつ》おのおのことごとく
真実信心をまもるなり

煩悩《ぼんのう》が障碍《しょうげ》にならないさとりの智慧《ちえ》の光には、無数の阿弥陀《あみだ》がおいでになって、救う相手によって姿を変化《へんげ》され、それぞれことごとく、永遠に変わらない真実の信心《しんじん》の人を護られています。

この和讃《わさん》は、信心《しんじん》の人が現生《げんしょう》に受ける利益《りやく》（喜び）の「化仏護念《けぶつごねん》」について述べられています。「化仏」とはあまり聞きなれない呼び名の仏さまですが、案外近くにいらっしゃいました。「化」は左が人が立ち、右が座っていることを示して、「かわる」という意味をもっています。阿弥陀仏《あみだぶつ》は本来、色も形もない永遠に変わらない真理を指しますが、その阿弥陀仏（真仏《しんぶつ》）が人びとに教えを伝えるために、人びとの能力や性格や時や処に応じて、さまざまなすがたをとってあらわれる仏さまを「化仏」といわれています。また、仏さま以外のすがたをとった時は化身《けしん》といわれることもあります。

このように化仏は、さとりの真理のはたらきを、人びとの力に応じて形にあらわされた無数の仏さまのことで、例えば浄土真宗《じょうどしんしゅう》のご本尊《ほんぞん》である方便法身《ほっしん》やさとりを開かれた釈尊《しゃくそん》を指しています。またさとりの浄土の諸仏となって人びとを仏法に導く仏身であります。

また、お不動《ふどう》さんと親しまれている目を怒らせて炎を背負うた不動明王《みょうおう》は、一切の悪魔、煩悩《ぼんのう》を降伏《こうぶく》させる大日仏《だいにちぶつ》の化身です。また、道端に立ち地獄《じごく》・餓鬼《がき》・畜生《ちくしょう》・修羅《しゅら》・人間《にんげん》・天上《てんじょう》の六道《ろくどう》に迷う人びとの苦を除き楽を与えることを願いとする地蔵菩薩《じぞうぼさつ》は、釈迦牟尼仏《しゃかむにぶつ》の化身です。そして観音《かんのん》菩薩は阿弥陀仏の慈悲心《じひしん》を人格化し、勢至《せいし》菩薩は阿弥陀仏の智慧心《ちえしん》を人格であらわしています。

親鸞聖人《しんらんしょうにん》は、師法然上人《ほうねんしょうにん》をさとりの智慧《ちえ》をあらわす勢至菩薩の化身と仰がれたと、妻恵《え》信尼《しんに》さまの手紙に残されています。その法然さまは中国の善導大師《ぜんどうだいし》を阿弥陀仏の化身と讃《たた》えられました。

こうした化仏（化身）を親鸞聖人は、「阿弥陀仏は無数の化仏、化観音、化大勢至等自ら常に時や処にかかわりなく真実信心の人に寄り添って護られている」（『唯信鈔文意《ゆいしんしょうもんい》』取意）と述べられています。

このようにさまざまな化仏・化身は、あくまでも人びとの煩悩にさえぎられることなく心深くにとどく阿弥陀仏の無碍《むげ》のはたらきであることを、親鸞聖人はこの和讃で明らかにされました。

15

南無阿弥陀仏《なむあみだぶつ》をとなうれば
十方《じっぽう》無量の諸仏は
百重千重《ひゃくじゅうせんじゅう》囲繞《いにょう》して
よろこびまもりたまうなり

南無阿弥陀仏《なむあみだぶつ》を称《とな》える信心《しんじん》の人を、
十方《じっぽう》の無量の諸々の仏たちは、
百重にも千重にも取り囲んで、
自らも仏法を喜びながら護っておられます。

この和讃《わさん》は、信心《しんじん》の人が現生《げんしょう》に受ける利益《りやく》（喜び）である、念仏者《ねんぶつしゃ》を十方《じっぽう》諸仏が囲繞《いにょう》して支え護ってくださっていることについて述べられています。

門徒《もんと》の人から「浄土真宗《じょうどしんしゅう》ではどんなご利益があるのか」と問われることがあります。この「ご利益」には二つの意味があります。一つは、一般的に「ご利益」といわれ求められている、いわゆるお金が儲かるとか病気が治るといった、生活の上でのご利益です。これは政治・経済・医学の力で解決する問題で、宗教の問題ではありません。もう一つは、生活している人間そのものの問題です。生老病死《しょうろうびょうし》の不安をかかえて生きる、満ちた喜びのない人生そのものに受ける利益（喜び）が、浄土真宗の利益です。まずこの二つのご利益をはっきりと判別できないと「喜び」を求めながら徒労の人生になってしまいます。

浄土真宗は、人生の根本を豊かに育てる利益として、念仏の生活を説きます。念仏とは、私が悩んでも苦しんでも、永遠に変わらない正しい道理の教えにめざめたブッダが、私の上にとどいてくださっている言葉です。

また浄土真宗は、信心の生活を勧めます。信心とは、永遠に変わらない真実の言葉が私の心にとどいていただく、心の喜びです。

親鸞聖人《しんらんしょうにん》は、この人間の根本の喜びである南無阿弥陀仏《なむあみだぶつ》の念仏の信心こそ、阿弥陀仏が人びとにかけられた願いである本願《ほんがん》にかなった信心として、『法華経《ほけきょう》』『称讃《しょうさん》浄土経』『目連所問経《もくれんしょもんぎょう》』『涅《ね》槃経《はんぎょう》』『華厳経《けごんきょう》』など多くの経典で阿弥陀仏のはたらきが讃《たた》えられていると「諸経《しょきょう》和讃」に挙げられました。さらにこの「現世《げんぜ》利《り》益《やく》和讃」では南無阿弥陀仏の念仏の信心を讃《たた》える、伝教大師《でんきょうだいし》をはじめ、梵釈二天《ぼんしゃくにてん》、四天王から龍神、炎魔《えんま》法王《ほうおう》など、数えきれない多くの仏・菩薩《ぼさつ》・諸仏・人天《にんでん》が、念仏信心の人を百重にも千重にも囲みめぐらして喜びながら護り讃えていると述べられて、十五首の「現世利益和讃」を締めくくられました。

1

勢至《せいし》念仏円通《えんずう》して
五十二菩薩《ぼさつ》もろともに
すなわち座《ざ》よりたたしめて
仏足頂礼《ちょうらい》せしめつつ

勢至菩薩《せいしぼさつ》は、念仏《ねんぶつ》によって仏教に円《まど》やかに通じ、
五十二人の菩薩たちと揃って
座《ざ》を立ち上がって、
仏のみ足に頭をつける最高礼をしながら、

※次の和讃に続く

『首楞厳経《しゅりょうごんぎょう》』をもとに、大勢至菩薩《だいせいしぼさつ》のはたらきを讃《たた》えられた和讃《わさん》が八首続きます。

『首楞厳経』とは、古代インドの梵語《ぼんご》シュラーマガマを漢字で音写《おんしゃ》した言葉で、堅固《けんご》と訳されます。ここでいう堅固は、永遠に変わらない教えという意味です。

釈尊《しゃくそん》は祇園精舎《ぎおんしょうじゃ》で、集まった菩薩たちに「あなた方にとって、何がさとりの仏法に円《まど》かに通ずる縁になりましたか」（『首楞厳経』「巻第五」取意）と問われたのに対して、二十五人の仏弟子や菩薩たちは、次々に座から起《た》って釈尊の足に頭をつける最高礼である頂礼《ちょうらい》をして、「私は形を通し

て」「私は声を通して」とそれぞれに自らが仏法に通じた信心《しんじん》を申し述べています。おなじみの長老舎利《しゃり》弗《ほつ》、大目犍連《だいもっけんれん》らも登場しています。

そして、二十四人目に座より起ち仏足頂礼し、信心を述べたのが、五十二人の菩薩を伴って参加した大勢至菩薩であります。

この大勢至菩薩は実在の人物ではなく、阿弥陀仏の人には見えないさとりの智慧《ちえ》をわかりやすくするために人格化した菩薩の名です。よって、大勢至菩薩の言動はそのまま阿弥陀仏《あみだぶつ》のさとりの智慧の言葉であります。親鸞聖人《しんらんしょうにん》は、『首楞厳経』に説かれる大勢至菩薩が述べられた言葉を重く受け止められて、『尊号真像銘文《そんごうしんぞうめいもん》』に経言を引用されています。さらにその言葉を和讃にして「勢至《せいし》念仏円通《えんずう》して」と詠まれました。念仏円通とは、他のことには心を散らさず念仏一つによって仏教に欠けることなく円かに通ずることをいいます。

さとりの智慧を大勢至といわれたのは、さとりの智慧が人びとを人間成就の浄土《じょうど》に「至らせる大きな勢い」をもつことを示しています。この和讃以降の七首では、そのさとりの智慧が念仏となって私にとどき、その念仏こそ、私たち凡夫《ぼんぶ》には一切の仏法に「円かに通ずる」はたらきであるということを、大勢至菩薩が明らかにされたことを詳しく説いています。

2

教主世尊《せそん》にもうさしむ
往昔《おうじゃく》恒河《ごうが》沙劫《しゃこう》に
仏世《ぶつよ》にいでたまえりき
無量光ともうしけり

教主・釈迦牟尼世尊《しゃかむにせそん》に申し上げます。
はるか昔、ガンジス河の砂の数ほどの遠い時代に、
阿弥陀仏《あみだぶつ》が世にお出ましになりました。
その阿弥陀仏を永遠の智慧《ちえ》・無量光《むりょうこう》とお呼びしました。

釈尊《しゃくそん》の問いについて、この和讃《わさん》から七首にわたって大勢至菩薩《だいせいしぼさつ》の信心《しんじん》の答えが示されています。まずこの和讃では、大勢至菩薩が「教えを説かれる釈迦牟尼世尊《しゃかむにせそん》に申し上げます。私の力では計り知れないガンジス河の沙の数ほどの昔に仏さまが世に出られました。その名を無量光《むりょうこう》と申されました」（『首楞厳経《しゅりょうごんぎょう》』「巻第五」取意）と述べられた言葉をそのままに詠まれたのがこの和讃であります。

無量光とは、無量の阿弥陀仏の光（智慧《ちえ》）のことで、過去・現在・未来の三世《さんぜ》にわたって永遠

に変わらない真実の智慧の明るさをあらわす言葉であります。

大勢至菩薩は、無量光である真実のさとりの智慧に照らし出されて、自分を成り立たせている心に気づき、そのことが深い仏道に円《まど》やかに通ずる縁となり、そして心安らかな心境に入ることができました、と答えられました。

この和讃では、さとりの智慧を象徴する大勢至菩薩が、永遠に変わらないさとりの智慧の無量光仏に出遇ったことが述べられています。智慧とは煩悩《ぼんのう》に立つ知識ではなく、正しく自己を知り世の正しい道理にめざめた精神のことです。この大勢至の智慧が阿弥陀仏《あみだぶつ》の無量光の智慧に出遇うということを示すことによって、仏教の最も根本となるのはさとりの智慧であることを教示しています。さとりの智慧によってかたちづけられた世界を浄土《じょうど》といわれています。こうした智慧のはたらきを智慧の念仏《ねんぶつ》、信心の智慧、智慧の光明《こうみょう》と述べられて、念仏も信心も光明といわれることも、さとりの智慧のはたらきであることが示されています。

そして、この和讃で「教主世尊」といわれる教主は、さとりの智慧の教えを説く仏さまのはたらきを讃《たた》えた呼び名であります。釈尊を教主世尊、大恩教主、一代教主とも讃えています。また西方極楽《さいほうごくらく》で「今現に説法まします」阿弥陀仏を西方の教主と尊称されています。親鸞聖人《しんらんしょうにん》は聖徳太子を和国（日本）の教主と尊ばれました。

3

十二の如来《にょらい》あいつぎて
十二劫《こう》をへたまえり
最後の如来《にょらい》をなづけてぞ
超日月光《ちょうにちがっこう》ともうしける

その後、十二の如来《にょらい》が相継いでお出ましになり、
十二劫《こう》という長い時代を経ました。
その最後の如来を名付けて、
この世の日月を超えた智慧《ちえ》・超日月光《ちょうにちがっこう》と申します。

前の和讃《わさん》に引き続いて大勢至菩薩《だいせいしぼさつ》が、「十二の如来《にょらい》が一劫《こう》に一仏と相継いで出られて、その最後の仏を超日月《ちょうにちがつ》と名付けられています」（『首楞厳経《しゅりょうごんぎょう》』「巻第五」取意）と述べられたのをほぼそのまま親鸞聖人《しんらんしょうにん》は和讃されました。

十二の如来の最初の仏は永遠に変わらないさとりの智慧《ちえ》の無量光《むりょうこう》と、前和讃で述べられました。そして最後の仏と挙げられた超日月光の超は、越境や越冬など身体がこえる「越」に対して心の苦悩をこえるという意味で、この世の日や月を「超える」といわれました。そして、さとりの智

慧の超日月光は昼夜の隔たりなく、しかも人びとの煩悩《ぼんのう》にさえぎられることなく心深くにはたらくので、日月を超えた智慧光といわれました。

そのさとりの光明《こうみょう》の絶え間なく照らす光を、常光《じょうこう》といいます。浄土真宗《じょうどしんしゅう》の本尊《ほんぞん》・阿弥陀《あみだ》如来の頭の後ろの円光《えんこう》やそこから放たれる四十八本の線光《せんこう》や十二光などをいいます。また、時に応じて照らされる光を、神通光《じんずうこう》といいます。釈尊《しゃくそん》が韋提希夫人《いだいけぶにん》に照らした光台現国《こうだいげんこく》（本書五七頁参照）などを指します。また、仏さまが多くの人を引き寄せる身光《しんこう》や、念仏の人を照らしおさめる心光《しんこう》など、多くの光のはたらきが説かれています。

そして、この和讃では、これらのさとりの智慧がここにとどくのに十二劫を経たと述べられています。劫とは「四十里立方の城内に満ちた芥子《けし》を三年に一粒ずつ取り出して、無くなるまでを一劫」（龍樹『智度論《ちどろん》』）といわれるほどの長時をあらわす言葉です。これは、釈尊の説法から二千五百年間に仏教を聞いて喜んだ人の数、しかも一人の生涯で仏教の言葉をうなずいて味わい喜んだ回数や時間であり、到底私たちの計算の及ばない長さであり深さです。それを仏教では「劫」と表現されました。

こうしてこれらの和讃を味読《みどく》した時、私たちが今いただいている信心《しんじん》は遠大な仏心につつまれたまさに時空を超えた信心であった、とあらためての喜びをいただきました。

4

超日月光《ちょうにちがっこう》この身には
念仏三昧《さんまい》おしえしむ
十方《じっぽう》の如来《にょらい》は衆生を
一子《いっし》のごとくに憐念《れんねん》す

その超日月光《ちょうにちがっこう》仏がこの私に、
心を一つに定める念仏三昧《ねんぶつさんまい》を教えてくださいました。
この念仏三昧は、十方《じっぽう》の如来《にょらい》がすべての人びとを、
わがひとり子のように憐れみ念《おも》われるお心であります。

前の和讃《わさん》に続いて大勢至菩薩《だいせいしぼさつ》が「彼《か》の仏（超日月光仏《ちょうにちがっこうぶつ》のこと）は、私に念仏三昧《ねんぶつさんまい》を教えてくださいました。例えば二人の人がいます。一人は記憶力の良い人（如来《にょらい》）、もう一人は忘れっぽい人（衆生）ですが、この二人は会いもせず見もせずではいけません。二人の心が通い合い、思いが通ずるならば、一生の間形とその影のように二人は背き離れることはありません。このように十方《じっぽう》の如来は迷いの人びとを憐念《れんねん》（あわれみ）されること、母の子を思うようであります」（『首楞厳経《しゅりょうごんぎょう》』「巻第五」取意）と述べられたのを、親鸞聖人《しんらんしょうにん》は和讃として私たちに知らせてくださいました。

この和讃に述べられる念仏三昧の三昧は、一般には読書三昧といわれるように「一つのことに熱中すること」の意味で使われています。しかし、もともとは仏教の言葉で浮き沈みのない平等心のことで念仏三昧はその平等心を意味しており、一心に念仏をたもつことによって、さとりの智慧《ちえ》に至ると説いています。

この念仏三昧には、二つの道があります。一つは自らの努力で念仏を称えてさとりの智慧を観ずる自力《じりき》念仏の道。もう一つは浮き沈みのない平等心の三昧であり、阿弥陀仏《あみだぶつ》が修められたはたらきで、そのはたらきが形と影のように背き離れることなく寄り添う「今、私の心に仏とどく」念仏を称える称名《しょうみょう》 念仏の道であります。

親鸞聖人はこの勝《すぐ》れた三昧中の三昧の称名念仏こそ、さとりの阿弥陀仏だけがもつことのできる、一切の人びとをわがひとり子のように思い願われる心であるとこの和讃で詠われています。

それにしても二千五百年もむかしに、インドの祇園精舎《ぎおんしょうじゃ》で釈尊《しゃくそん》に大勢至菩薩が告げられた念仏三昧の教えを、親鸞聖人が汲み取って私たちにとどけてくださったこの和讃を通して、永遠に変わらない真実ここにあり、と喜びをあらたにさせていただくことができました。

この和讃に述べられる「この身」も「一子《いっし》」も私自身のことであります。

5

子の母《はは》をおもうがごとくにて
衆生仏《ぶつ》を憶《おく》すれば
現前当来とおからず
如来《にょらい》を拝見うたがわず

子が母を思うように、
人びとが阿弥陀仏《あみだぶつ》を深く心に思うならば、
現在目前でも未来浄土《じょうど》でも、けっして遠くではなく、
阿弥陀如来《にょらい》を拝見できるのは疑う余地はありません。

前の和讃《わさん》に続いて大勢至菩薩《だいせいしぼさつ》が、「もし子が親のもとを逃げて遠くへ行けば、どれだけ子を思ってもどうにもなりません。しかし子が母を思い、母の思いが子にとどいたならば、母と子がこれまで経てきたあとが違っても、母子の断絶はありません。このように人びとに仏を思う心があれば、必ず目の当たりにでき、そして来世にも仏を見たてまつることができます」（『首楞厳経《しゅりょうごんぎょう》』「巻第五」取意）と告げられたのを、親鸞聖人《しんらんしょうにん》が和語讃嘆《さんだん》されたのがこの和讃です。

たとえ遠く離れていても母子の断絶がない限り、子が母を思い母が子に心を寄せているならば、

子が「お母さん」とつぶやいた時、すでにその子の頭に母のすがたが浮かんでいます。

このように信心《しんじん》喜ぶ人が、南無阿弥陀仏《なむあみだぶつ》と念仏《ねんぶつ》を称《とな》えた時、すでにその人の心が仏さまを思うことなので、念仏こそ現前（現在目の前）の阿弥陀仏といえます。これは遠い近いの問題ではありません。

ただ念仏の教えを信じて受ける喜びであります。

また、煩悩《ぼんのう》の身では、直接阿弥陀仏を見たてまつることはできません。それはやはり当来（まさに来るべき）に浄土《じょうど》に往生《おうじょう》して阿弥陀仏に遇いまみえることですので、大きな時間の隔たりがあるように思います。しかし、親鸞聖人は「信心の人はその心《しん》すでに浄土に居《こ》す」（『御消息集《ごしょうそくしゅう》』）と説かれますので、浄土真宗《しんしゅう》の教えに親しむ念仏者は、今すでに如来《にょらい》の拝見を少しの疑いももたず心待ちにする喜びを受けています。この喜びも「此《ここ》を去りたまうこと遠からず」（『仏説観無量寿経《ぶっせつかんむりょうじゅきょう》』）であります。

この『首楞厳経』に説かれる大勢至菩薩の念仏三昧《ねんぶつさんまい》の語らいは、さとりの智慧《ちえ》が念仏となって私の中で染みわたるようにさまざまな喜びをとどけてくださっています。まさに一声の念仏に阿弥陀仏の量《はか》り知れないはたらきが備わっている重さを感じます。

念仏の教えに遇う尊さを伝えてくださる和讃でした。

6

染香人《ぜんこうにん》のその身には
香気《こうけ》あるがごとくなり
これをすなわちなづけてぞ
香光荘厳《こうこうしょうごん》ともうすなる

香の染みた人のその身は、
常に香の気配がただよっているのと同じように、
常に仏と共にある念仏者《ねんぶつしゃ》をすなわち名付けて、
香光荘厳《こうこうしょうごん》（智慧《ちえ》の念仏で身がかざられた人）と申します。

大勢至菩薩《だいせいしぼさつ》はさらに次のように語られました。「香を扱う人は自然とかぐわしい香りが身につき周りの人を喜ばせます。このような人を香り美しく厳《おごそ》かに輝く香光荘厳《こうこうしょうごん》といいます」（『首楞厳《しゅりょうごん》経《ぎょう》』「巻第五」取意）この言葉にもとづいて詠まれた和讃《わさん》です。

親鸞聖人《しんらんしょうにん》は、染香人《ぜんこうにん》を「念仏《ねんぶつ》の心もてる人」と讃《たた》えられました。これは智慧《ちえ》の念仏を香にたとえてその香りを身に受ける人の意味です。

染香人とは、念仏者のことです。

阿弥陀仏《あみだぶつ》の人びとにかけられた願いである本願《ほんがん》の第三十二願に、「うるわしい香あまねく十方《じっぽう》世界に満ちわたって、この香りを聞くものはみな仏道を修める」と香を信心《しんじん》にたとえられています。ここに述べられる香光荘厳の光は、さとりの智慧のことで、智慧の念仏こそうるわしい香りであることを香光で示されています。荘厳は深いものが表にあらわれることです。

また染香の人を、妙好人《みょうこうにん》とも讃えています。

「妙好人とは、真宗信仰者でも、文盲にちかい庶民の中にかくれて住んで、信仰ぶりが美しい人をいう。妙好とは蓮華の呼称である」(『才市』講談社)と作家・水上勉《みずかみつとむ》が讃えています。その妙好人は、百数十人が数えられています。世界的仏教学者鈴木大拙《すずきだいせつ》先生、民族研究家柳宗悦《やなぎむねよし》氏、版画家長谷川富三郎《はせがわとみさぶろう》氏ら多くの識者がその信心の言葉を讃えています。

その一人である島根県出身の妙好人・浅原才市《あさはらさいち》の言葉を水上勉氏は著書『才市』に収めています。「かぜをひけばせきが出る／才市が御ほうぎ(法義)のかぜひいた／念仏のせきが出る出る」と、この言葉からは、才市の静かな深い喜びが伝わってきます。

沈丁花や梔子《くちなし》の香りに顔がほころぶことがありますが、誘われた喜びであり、いただいた喜びであります。

さとりの智慧の言葉を聞く信心の人は、心身に歓喜《かんぎ》を受けます。

7

われもと因地《いんじ》にありしとき
念仏の心《しん》をもちてこそ
無生忍《むしょうにん》にはいりしかば
いまこの娑婆《しゃば》界にして

私が仏道を歩もうと思い立った因の地位にあった時、
念仏《ねんぶつ》の心でもって、
無生忍《むしょうにん》（必ず仏と成る位）への道に入らせていただきました。
今、この苦をかかえた娑婆《しゃば》世界においてのことです。

前の和讃《わさん》に続いて大勢至菩薩《だいせいしぼさつ》が、「私が仏と成る因の地位の菩薩《ぼさつ》の時に、散り乱れない安らかな心で念仏《ねんぶつ》を称える念仏三昧《さんまい》の心をもって浄土《じょうど》に往《ゆ》き生まれる身と定まる無生忍《むしょうにん》に入りました。今この界においてです」（『首楞厳経《しゅりょうごんぎょう》』「巻第五」取意）と語られた言葉を、親鸞聖人《しんらんしょうにん》はほぼそのまま和讃にされました。

まさに今、私たちが浄土真宗門徒《しんしゅうもんと》としていただいている教えが、祇園精舎《ぎおんしょうじゃ》で釈尊《しゃくそん》と大勢至菩薩との問答の中で語られていることは大きな感激をおぼえます。

大勢至菩薩が「今この界」と語られたのを、親鸞聖人は和讃で「娑婆《しゃば》界」といわれました。一般にシャバといった時は、自由を束縛されている人が外部の人の自由な世界を指しています。

しかし、シャバは仏教語で古代インドの梵語《ぼんご》のシャハーを漢字の娑婆に音写《おんしゃ》した言葉で、忍、堪忍《かんにん》と訳します。娑婆とはさまざまな煩悩《ぼんのう》に縛られた人びとが苦悩に耐え忍んで生きている世界のことです。詳しくは娑婆世界、娑婆界、堪忍土《ど》といい、現実の世界の「今この界」のことです。

釈尊は、この娑婆世界でさとりを開き、娑婆界の人びとにその教えを説かれましたので、親鸞聖人は、釈尊を「娑婆本師《ほんじ》」、または「娑婆の化主《けしゅ》」（『教行信証《きょうぎょうしんしょう》』）と呼ばれました。また、娑婆世界を煩悩に縛られた暗がりで正しく見えないために、おびえながらの人生生活を娑婆の闇宅《あんたく》といわれています。

その娑婆界の真っただ中にありながら、さとりの智慧《ちえ》の念仏の教えに出遇ったからこそ、迷いのない心をいただき正しく浄土に生まれ人間完成する無生忍の深い喜びを受けました、と大勢至菩薩の静かな信心の喜びが温かく伝わってくる和讃であります。

と同時に、この喜びはまさに私たちの喜びでもあります。

ここに述べられる無生忍は、無生法《ぼう》忍ともいい、無生は生まれ死ぬの迷いの無いさとりの念仏の法こそただ一つの道と忍（確認）された、阿弥陀仏《あみだぶつ》の教えからいただく信心の道であります。

8

念仏のひとを摂取《せっしゅ》して
浄土《じょうど》に帰《き》せしむるなり
大勢至菩薩《だいせいしぼさつ》の
大恩《だいおん》ふかく報ずべし

阿弥陀仏《あみだぶつ》は念仏《ねんぶつ》の人を必ずさとりの智慧《ちえ》におさめとって、
浄土《じょうど》へ帰らせてくださるのです。
そう教えてくださった大勢至菩薩《だいせいしぼさつ》の
大きなめぐみに深く報謝いたしましょう。

『首楞厳経《しゅりょうごんぎょう》』に説かれている大勢至菩薩《だいせいしぼさつ》が、自らの信心《しんじん》を語られた中の最後の言葉を、親鸞聖《しんらんしょう》人《にん》が、「大勢至菩薩和讃《わさん》」の結びとして詠まれた和讃です。

大勢至菩薩が「念仏《ねんぶつ》の人をおさめとって浄土《じょうど》に帰らせたい」(『首楞厳経』「巻第五」取意)と述べられたのを、親鸞聖人は初めの二句でほぼそのまま和讃に詠われました。

ここに述べられる「念仏のひとを摂取《せっしゅ》して」といわれるのは、念仏を称《とな》える人が居てその人を阿弥陀仏《あみだぶつ》がおさめとってくださるように思いますが、実は称える念仏がすでに「おさめとって捨てない」阿弥陀仏の智慧《ちえ》のはたらきである「摂取の光益《こうやく》」でありますので、念仏を称えてから摂取されるのではなく、念仏申したその時がすでに摂取のはたらきにつつまれているのです。

また「帰せしむる」という言葉をして、すべての人が浄土に帰りたいという気持ちを起こすよう教えを伝えたい、と人びとと共に歩む菩薩としてのはたらきを述べられました。

大勢至菩薩は、釈尊《しゃくそん》から「何をもってさとりの仏法に円《まど》やかに通じたのか」と問われて、私にはあれこれと選ぶことはできません、阿弥陀仏がすべてのことを修《おさ》めて私にとどけてくださった智慧の念仏こそ、私の唯一のさとりの仏法に円やかに通ずる道であります、と釈尊に申し上げて『首楞厳経』の大勢至菩薩の銘文は閉じられています。

親鸞聖人は、この和讃の後の二句に、私を念仏の教えに導かれた「大勢至菩薩の大きな恩（めぐみ）に深く報謝申し上げます」と自身の喜びをあらわされて、八首の和讃を結ばれました。

そして親鸞聖人は、八首の和讃の最後に、次のように記されました。

已上大勢至菩薩

源空聖人御本地也《げんくうしょうにんごほんじ》

「以上、人びとを浄土に至らせる勢いのさとりの智慧を人格化した大勢至菩薩は、源空房・法然聖人の御本の地位である」とわが師を「智慧の法然」と讃《たた》えられた言葉であります。

おわりに

和讃《わさん》は、深い教法《きょうぼう》を短く七五調に凝縮して讃嘆《さんだん》された仏教讃歌《さんか》ですので、理解するのに時間のかかる言葉や背景の深い言葉が多く出てきます。特に下巻の本書は浄土三部経《じょうどさんぶきょう》のほか、日ごろ馴染みの薄い六つの経典をもとに和讃されていますので、それらについてお話をするとなると、どうしても解説調になってしまって、この和讃から人生に何を味わっていくのかという内容の法話になかなかならないもどかしさがありました。

しっかりと解説さえしておけば、後は読者が味わいとることである、といえるかもしれませんが、聴聞《ちょうもん》の人とともに味わうことが使命だと考えてきた法話伝道の語り部として、もどかしさを感じずにはおれませんでした。

しかし何十年と語り続ける間に、ともすると法話は仏法を聴聞の人に合わせて語り、布教は仏教を聴聞の人にいきわたらせるという基本を離れていることがあります。聴聞の人びとを置き去りにした独りよがりな語りは法話伝道とはいえません。

これでは折角の法話が聞いている人たちの頭の上を通り過ぎていきます。わかりやすい法話が本当に親切なことなのかは問題もありますが、少なくとも耳に入り心にとどかなければなりません。そのために時には僧侶の書いた文章を在家出身の人に読んでもらって意見を聞くことも大切なことだと思います。

法を伝えたいという尊い努力であります。

このたびの『浄土和讃のおしえ』の上・下にわたって、読む側の立場で法藏館編集部の満田みすずさんがお世話をしてくれました。何日間に及んだでしょうか。常に読者の立場で意見を述べて、独りよがりなお話になっていないかという、語り部の一番心配な部分を補ってくださいました。心から感謝申し上げます。

また出版にあたって戸城三千代編集長、営業部の森江基さんにも御礼を申し上げます。

一布教使の私が、百十八首に及ぶ『浄土和讃』を味読《みどく》させていただくことができたのは、ひとえに仏法力《ぶっぽうりき》のおはたらきでございます。お陰さまで、炎魔法王《えんまほうおう》や大魔王《だいまおう》に会えた楽しい和讃でもありました。

拙《つたな》い点はご寛宥をいただいて一首一首の和讃を通して皆さまのご信心の喜びがより深まりますことを、ただただ念願いたします。

合掌

二〇一七（平成二十九）年七月二十五日　土居坊・聞法室にて

澤田秀丸

澤田秀丸（さわだ　ひでまる）

1934年、大阪府生まれ。真宗大谷派仏教青年会連盟全国委員長、宗務所出版部長、山陽教区所長、姫路船場別院・広島別院・茨木別院・岡崎別院・旭川別院輪番、同朋会館・総会所教導、大谷婦人会本部事務局長を歴任。現在、大阪刑務所教誨師会会長。真宗大谷派清澤寺前住職。
著書は、『浄土和讃のおしえ（上）』『御文講座　聖人一流の御文』『御文に学ぶ　白骨となれる身』『信心をいただく』（法藏館）、『平成の名法話　聖徳太子に学ぶ（DVD）』（方丈堂出版）。

浄土和讃のおしえ　下
――大経意、観経意、弥陀経意、諸経意、現世利益和讃、大勢至和讃――

二〇一七年九月二〇日　初版第一刷発行

著　者　澤田秀丸
発行者　西村明高
発行所　株式会社　法藏館
京都市下京区正面通烏丸東入
郵便番号　六〇〇-八一五三
電話　〇七五-三四三-〇〇三〇（編集）
〇七五-三四三-五六五六（営業）

装幀者　山崎　登
印刷・製本　中村印刷株式会社

ISBN978-4-8318-8743-6 C0015